10 Steps to
Positive Living

# いつも楽に生きている人の考え方

ウィンディ・ドライデン
Windy Dryden

野田恭子 訳

Discover
ディスカヴァー

10 STEPS TO POSITIVE LIVING by Windy Dryden


Japanese translation published by arrangement with
Sheldon Press
through The English Agency (Japan) Ltd.

よき友にして大切な同僚
アーノルド・A・ラザラス教授に

# はじめに

　私がこれまで出してきた自己啓発書の多くは、いわゆる否定的な感情の問題（たとえば、不安、落ち込み、怒り、罪悪感、恥ずかしさ、不機嫌など）を克服する方法を狭い範囲で扱ったものだった。

　しかし、一方で私は、肯定的な感情、つまり健康な心を持っていくにはどうしたらいいのか、という点について、周囲の関心が次第に高まっているのを感じていた。

　心理学をテーマとした講演の中で受ける質問も、感情的な問題を克服する方法についてより、どうしたら心の健康を増進できるかという質問が多く聞かれるようになった。そういうわけで、心の健康を得るために必要な手順を説く簡潔な手引きが、今こそ必要なのではないかと考え、その結果、誕生したのが本書である。

　ここで示したポイントは、厳密に順を追って読んでいかなければならないものではないが、できれば第1章から第6章を先に読まれることをおすすめしたい。もちろん、あなたがよいと思う方法で自由に読んでくださってかまわない。

いつもながら、原稿の準備にあたり貴重なご助力をいただいたキャロライン・ディアデンさんに、深く感謝申し上げる。

**ウィンディ・ドライデン**

1993年、ロンドンにて

いつも楽に生きている人の考え方　もくじ

## 第3章 忍耐強さを身につける――45

## 第4章 自分自身を大切にする――61

# 第1章

# 自分に責任を持つ

1

# 自分の考えに責任を持つ

自分に責任を持つ。心を健康に保つにはこれが欠かせない。自分がコントロールできることへの責任は、自分にあるのだ。

では、コントロールできるものとは何だろうか？　それはおもに個人に属すること、つまり、あなたの考え、あなたの感情、あなたの決断、あなたの行動だ。

当然、あなたの行動によって起こりうる結果にも、責任がある。ところが、人はたいていこれらを完全にはコントロールできないでいる。

たとえば、自分の考え。目をつぶってピンク色の象を思い浮かべてみよう。次に、ピンクの象のことを考えないようにしてみる。すると、どうだろう、いくら追い払おうとしても、ピンクの象が頭から離れない。

ところが逆に、ピンクの象のことを考えてもよいことにすると、あなたはすぐにそれに飽きてしまい、心は他のことへとさまよっていくはずだ。

つまり、あなたは自分の考えをある程度はコントロールしているが、決して完全なものではない。それでも、あなたの考えはあなたの責任なのだ。他の誰の責任でもない。

あなたがピンクの象のことを考えたのは、たとえそれを思い浮かべるよう私が勧めたのだとしても、あなたの責任だ。しかし、そう勧めたことについては、私のコントロール内のことだから、私の責任なのだ。

POINT

**自分の考えに責任を持とう。**
**たとえ、そのすべてをコントロールできないのだとしても。**

# 2

## 自分の感情に責任を持つ

感情は、ものごとをどう考えるかによってほとんど決まる。つまり、あなたは自分の感情にも責任があるのだ。

世の中のものごとをどう考えるかは、主として自分の責任なのだから、その考え方から生まれた感情に責任を持つのも自分なのだ。だが、自分の考え方や感情を完全にコントロールできるわけではない。さまざまなできごとに出会うことで、考え方は何らかの影響を受けるからだ。

たとえば、親しい友人がたくさんいる土地を離れ、知り合いがひとりもいないところへ転勤させられたとしよう。あなたはいやな気持ち――否定的感情を引き起こす逆境に追い込まれたことになる。「よし、親しい友人と別れられてよかったぞ」とか、「だいじな友人たちと離れ離れになっても、どうってことはない」とは考えないだろう。

しかし、あなたは、「この状況は好きではないが、がまんできる」と、私が健全な否定的感情と呼んでいる感情を持つか、「この状況はがまんできない。このままでは気が狂う」と不健全な考え方をするか、選択することができるのだ。
人生で体験するできごと、とりわけ不快なできごとは、考え方の選択肢を狭めはするが、それ自体が考え方や感じ方を決定づけることはめったにない。健全な否定的感情と不健全な否定的感情、どちらを選ぶかは、いつもあなた次第だ。

POINT

**健全な否定的感情と不健全な否定的感情、どちらを選ぶのかはいつもあなた次第だ。**

## 3

# 自分の決断に責任を持つ

あなたはあなたの下した決断に責任がある。たとえ決断したときに必要な情報が揃っていなかったとしてもだ。

たとえば、二つの勤め口から仕事の誘いを受けたとする。失業中のあなたには次の三つの選択肢がある。一つ目は、仕事Aを選ぶ。二つ目は、仕事Bを選ぶ。三つ目は、もっといい口を待って失業を続ける（もちろんこのとき、もっといい仕事は見つからないかもしれないというリスクを負うことになる）。

あなたには、誘いのあった二つの勤め口がどんなものか、また、どちらも断った場合、よりよい仕事が見つかる可能性がどの程度あるか、できるだけ調べる責任がある。

仮に仕事Aを選び、その直後、もし知っていたら違う決断をしたかもしれないような重要な情報が隠されていたことがわかったとする。そのような場合でも、あなたは自分の決断に責任がある。

知らなかったことを知っておくべきだったと、くよくよしてもしかたない。知らないことを知るかどうか、自分でコントロールすることはできないのだから。重要な情報が隠されていたことについての責任はあなたにない。だが、知らなかったことに責任はなくとも、この経験から何を学び、次にどう活かすかを決めるのはあなたの責任だ。

あなたは自分の行動によって起こりうる結果にも責任がある。友だちと何かをする約束をしたとする。だが、その後、もっとおもしろそうなことが出てきて、あなたは約束を取りやめることにした。二人で決めたことを守らなかったのだから、友だちは機嫌を損ねるだろう。

このとき、あなたは約束を守らなかったこと（あなたの行動）だけでなく、友だちをがっかりさせたこと（あなたの行動の結果）にも責任がある。

しかし、友だちが極度に落ち込んでしまったときは、あなたの責任ではない。友だちが落ち込んだのは、たいていの場合、あなたが約束を守らなかったことに対し、ゆがんだ考え方をしているせいである。

POINT

**たとえ決断の際に必要な情報が揃っていなかったとしても、あなたの決断の責任はあなたにある。**

# 4

# 自分がどうするかは自分で選ぶ

自分の考え、感情、決断、行動とその結果に責任を持つことは、とても大切である。自分のことに責任を持たない人は、変えられることを変えようと努めもせず、自分が考え、感じ、行動し、決断したことを、他人や外部のできごとのせいにしようとする。本来なら自分の責任であることを他人やできごとのせいにするのは、心が健康でない証拠だ。

自分に対する責任を放棄することは、自分の人生の舵取りを放棄することでもある。そうなると、他人の助けを当てにし、過度に依存してしまう。そして、被害者気分になり、いかに自分が他人や世の中に不当に扱われてきたかについて、とかく悪態を並べるようになる。また、現在の自分が考え、感じ、行動していることを、過去や親のせいにしがちになっていく。

不幸なことに、心理学の一部の学派は、このような考え方を支持している。過去のできごとが、現在の考え、感情、行動に影響するということと、それらを決定づけるということを、混同しているためだ。

私の考えでは、過去が今のあなたに影響することはあっても、決めてしまうことはめったにない。現状にどう反応するかは、ほとんど、現状や将来に対するその人の考え方にかかっている。

あなたは親から「うまくやらなければおまえは失敗者だ」などと教え込まれたかもしれない。しかし、その哲学を何年間も頭の中に保ち続けてきたのは、あなた自身なのだ。そして、その哲学を持ち続けるか、それとも変えるかを選ぶ責任はあなたにある。

**POINT**

**現状や将来に対する考え方を変えるか、それとも持ち続けるか。**
**どちらを選ぶかの責任はあなたにある。**

## 5 自分を責めない

責任をとることと、責めを負うことを区別するのも、とても大切だ。人は、自分が感じ、考え、行動することに大いに責任があるというのが私の考えだが、だからといって、それらの責めを負うべきだとは思わない。

「責め」という言葉には、悪いことをするのは悪い人間であり、そういった人たちは悪行ゆえに罰せられるべきだという考え方が含まれている。

私が本書で言いたいのは、人間は誤りを犯しやすい存在で、善だけでも悪だけでもないということだ。悪いことを行ったとき、人はその行動の責任をとるべきだが、悪行ゆえに自分を責める責任はない。自分を責めれば、誤りから学ぶことができなくなるのだから。

最後にこの章の内容をまとめよう。自分がコントロールできる範囲のものごとには責任を持つ。自分の考え、感情、行動に責任を持てば、自滅的な感情や行動と結びついている不健全な思考パターンを変えやすくなる。
そして、自分が明らかにコントロールできる範囲内にあるものに対して責任を持てば、あなたはきっと本書から得るところがあるはずである。だが、自分の責任を放棄し続けるなら、本書だけでなくどんな自己啓発の本を読んだとしても、効果は決して期待できないだろう。

POINT

**自分の考え、感情、行動に責任を持とう。自滅的な感情や行動から逃れるために。**

# 第2章

# 現実を受け入れる

# 6

# 現実を受け入れる

心の健康を保つためには、現実を素直に受け入れることも、とても大切だ。「現実を受け入れる」ことを、いつも多くの人が「現実に甘んじる」ことだと誤解する。それでは私が言おうとしていることとはまったく逆である。

「甘んじる」というのは、現状には変えられるところはほとんどない、あるいはまったくないと考えることだ。あきらめ、甘んじてしまえば、人間は状況を変えようと努めることはなく、その結果、何も変わらない。

だから、まずはっきりさせておく。私は、自分の意にそわないできごとに甘んじなさいと言っているわけではないし、あなたの建設的な行動をくじくつもりもない。まったく逆である。

私が言う「現実を受け入れる」ことは、ありのままの状況——あらゆる条件が重なり合ってできていること——を認めることであり、これらの条件を変えることにより、状況を変えようと建設的な試みをしていくことである。

「現実を受け入れる」ことを、現実を好きになれ、あるいは現実に無関心になれ、というような意味に受け取る人もいる。当然のことながら、これも私の言いたいこととは、まったく逆である。

POINT

**現実を受け入れるとは、現実に甘んじることでも、現実を好きになることでも、現実に無関心になることでもない。**

# 7

# 3つのステップで現実を受け入れる

「現実を受け入れる」とは、現実に甘んじることでも、現実を好きになることでも、現実に無関心になることでもない。

たとえば、あなたが心から望んでいる仕事に志願し、採用されなかったとする。その現実を受け入れるようあなたに勧めるとき、私は「不採用になったことをよろこびなさい」とは言わない。それは現実的ではない。不採用になったことをよろこぶには、「本当に就きたかった仕事に採用されなくてうれしい」といういささか奇妙な考え方をしなくてはならないからだ。

また、「不採用になったことを気にしてはいけない」と言う気もない。そこまで禁欲的になる必要はないのだ。不採用を気にしないためには、「採用されようがしまいが、どうでもいいことだ」と考えなくてはならない。そんなのは嘘だ！

この場合、現実を受け入れるとは、以下のことを行うことである。

①あなたの知らない何らかの理由により、志望した仕事に採用されなかったことを認める。つまり、ありのままの状況を認め、その状況はあらゆる条件が重なり合ってできていることを認めることだ。
②自分の願望に反する現在の状況を積極的に嫌う。つまり、その状況は自分の願望に反していて、自分はその状況を積極的に嫌っているということを認める。
③試験官の決定に異議を申し立てるかどうか考える。つまり、その状況を変えるため、建設的な手段をとるかどうか判断する。

ついでながら言っておくと、状況を変える試みに失敗したときには、失敗した、これも残念だった、と認めることが、現実を受け入れることになる。

POINT

**ありのままの状況を受け入れた上で、それを変えようと試みること。それが現実を受け入れるということだ。**

# 8

## 状況を最悪の事態にしたてない

人間であるからには、あなたにもたくさんの願望があるだろう。淡い願望、ほどほどのもの、強いもの……。

だいたいにおいて、願望が強ければ強いほど、満たされなかったときはいやな気持ちになる。強い願望が実現しなかったときは、現実を受け入れることが難しく、「最悪化」と呼ばれる状態に陥るのがつねだ。

最悪化は次のように起こる。まず、願望を実現できなかったのは残念だと結論づける。ここまでは合理的だ。次に、こんな状況は絶対に起こるべきではないと不健全に思い込む。さらに、絶対に起こるべきではないことが起こったのだから、単に残念とか悪いとかいうだけでなく、100％以上ひどい最悪の事態だと結論づける。まさに悲惨、最低、この世の終わりだと。

この最悪化の哲学にとらわれると、必ずといっていいほど、何もかもひとくくりにしておおげさに悪い評価をしてしまう。初めのうちはゼロから99までの「不快度ものさし」で不快なできごとを測っているが、やがて、100から無限に目盛りの続く「悲惨度ものさし」を新たに作り出す。そして、これ以上悪いことはありえないと思い込むのだ。一歩引いて少しの間客観的に考えれば、どんなにばかばかしいかすぐ気づくというのに。

最悪化とは、いわば、まさに常識はずれな感覚でものごとをとらえることなのである。

POINT

**おおげさに悪い評価をするのは、まさに常識はずれだ。**

# 9 自分の考え方を検証する

最悪化をやめるには、その根底にある考え方を疑ってみる必要がある。

まず、「こんな不快なできごとは絶対に起こってはならない」という考え方が正しいという証拠はあるのか、と自分に問いかけてみよう。

こんな現実は絶対に現実であるべきではない、とないものねだりをするのは、水素と酸素を2対1の割合で化合させても、絶対に水になるべきではないというのと同じくらい、明らかな誤りだ。あなたがいくら水になるべきではないとないものねだりをしたところで、この状況下で水ができるということにはこれっぽっちも影響しない。

同じように、希望する仕事に不採用になったとき、こんなことは起こるべきではないと思っても、それだけで不採用を採用に変えることはできない。

次に、「この好ましくない状況は不快度100%以上だ」という考えが正しいかどうかも、検討してみよう。

論理療法と呼ばれるカウンセリング技法の創始者であるアルバート・エリス博士が最悪化について講演したとき、

「ローラー車に轢かれる以上に悪いことはありえませんから、それを不快度100％としましょう」

と言った。

すると、聴衆のひとりがすぐにそれを訂正した。

「エリス先生、ローラー車に轢かれることは100％じゃありませんよ。ローラー車に・・・ゆっくり轢かれることだってありうるんですから！」

POINT

**こんな不快なことは絶対に起こってはならないという考えをもう一度、見直してみよう。**

# 10

## 事態を別の尺度で評価してみる

私の同僚、アメリカ人のトム・ミラー博士は、最悪化を改めるのに役立つ、かつてない手法をあみ出した。

望んだ仕事に採用されなかったことを、あなたは最悪、つまり不快度100%以上だと考えているとしよう。

ミラー博士は、その不快さを測る別のものさしを作るように勧める。まず、あなたの手足が全部切り落とされることを不快度100%と仮定する。

次いで、それより少しずつましな状況を測定していく。切られた手足が3本なら90%、2本なら80%、1本なら70%というように続け、顔に一生残る傷なら5%、かとの傷なら1%というところまで下げる。

ここまできてからミラー博士は、不採用になったことは手足を全部切り落とされるくらい不快ですか、と聞く。では、手足3本と同じくらい？　2本？　1本？　そういった調子で続けていく。

私は多くの人にこの技法を使ってみたが、不採用になることが、顔の消えない傷より不快だと答えた人はほとんどいなかった。この技法は一見奇妙に見えるが、バランスのとれた客観的なものの見方を、冷静に思い出させてくれる。

最悪化の哲学にとらわれてさえいなければ、たいしてひどくもないことは多い。それを最悪だと言ってしまうと、乱暴に悪い評価をしすぎていることになる。

POINT

**新しい不快度の基準を用意しよう。**
**それほどひどい状況ではないことに気がつくだろう。**

# 11

## 悲劇的なできごとも起こりうることを受け入れる

もちろん、どんな不快度ものさしで測っても高いスコアになってしまう非常に不幸なできごともある。災害などの悲劇的事件だ。手や足を失ったり、愛する人を死によって、ひどいときは暴力によって失うこともあるかもしれない。財産や家が火事ですべて灰になるかもしれない。

このようなできごとの悲劇性を小さく見積もれという気はまったくない。だが、そんな悲劇は起こってほしくないといくら願っていたとしても、起こってしまうことはあるのだ。このような悲劇的な条件下で現実を受け入れるということは、以下の三つを受け入れることである。

- ●悲劇的なできごとはあなたにも起こりうる。
- ●あなたはそのような悲劇的なできごとから逃れることはできない。
- ●悲劇的なできごとは非常に不快なもので、その影響は長く続く。

しかし、最悪化の態度で悲劇的なできごとにのぞめば、そのような悲劇は自分に起こるべきではないと考えてしまうこともまた事実である。

だが、あなただけが悲劇にあわないという法則がこの世のいったいどこにあると言えるだろう？　あなただけがここにあげたような悲劇的なできごとを免れる、ということが決してないことはおわかりのはずだ。

だから、悲劇的なできごとが起こったとき、深く悲しむだけならいいが、必要以上に最悪の事態にしたてあげ、とり乱したりしないでほしいのだ。

私はどんな悲劇の不快さも軽視してはいない。悲劇は現実に存在するということを受け入れ、最悪化の態度で悲劇的なできごとにのぞまないよう、あなたに勧めたいだけである。

POINT

**確かに、悲劇的なできごとは起こりうる。**
**だが、それを受け入れることはできるのだ。**

# 12

# 不公平さや変化を受け入れる

この世には不公平も存在する。たとえあなたが不公平な扱いを受けるいわれがなくても、不公平に扱われないとは限らない。

世の中は不公平だという現実を受け入れるためには、次のことが必要だ。

第一に、「私は不公平に扱われるいわれはないのだから、不公平に扱われてはならない」とないものねだりをするのはやめる。

第二に、残念ながらあらゆる条件が、不公平を生むように作用してしまっていることを認める。

第三に、手持ちの不快度ものさしで不公平を測り、95％以上になるようなら、その不公平を手足を3、4本切り落とされるのと同等に見なしているのだと自覚する。

第四に、可能であれば不公平な状況を変えようと努め、変えられなければ、それを好きにならずともいさぎよく受け入れるように努めることだ。

当然のことながら、世の中はつねに変化している。今これを読んでいる間に、あなたも変化している。他の人もつねに変化するから、人間関係も変わる。世の中のものごとはいつも同じであるべきで、変化してはならないと考えているなら、あなたは現実を受け入れない哲学にこりかたまっている。

そんな哲学を信奉したところで、変化が起こるという事実は少しも変わらない。ものごとはいつも同じであるべきだとあなたが思おうが思うまいが、変化は起こる。あたふたせずに、変化を受け入れたほうが、心の健康によいのではないだろうか？

かつて北海沿岸に一大海洋帝国を築いたクヌート王の話をご存じだろうか。自分が全能だと思っていた彼は、寄せくる潮の前に立ち、「さがれ！」と命じた。それでどうなっただろうか？　クヌート王の足は濡れた。彼が「さがれ！」と命じようが命じまいが、波は打ち寄せるからである！

POINT

**不公平は存在する。人も世の中も変化する。**
**それを受け入れたほうが健康にはずっといいはずだ。**

# 13 不確かさや曖昧さを受け入れる

確かなものなど、この世のどこを探してもない。なぜか？　ものごとは変化するし、その変化は予想もできないような形で起こるからだ。

確かなものを求めても、そのようなものは決して得られはしないし、現実にはやはり不確かさに直面することが多いから、あなたは思い悩むことになる。確かさを望むことは、確かに健全なことではある。しかし、不確かであることこそ人間らしいのだと受け入れ、そのことで悩まないほうが、心の健康にはいい。だから、確かなものを求めるのはやめて、不確かさを受け入れよう。

あなたはものごとがはっきりしているほうがいいと思っているかもしれない。もしそうなら、白か黒か、二つに塗り分けるのが好きなタイプだろう。残念ながら、世の中や人生のあらゆる条件を、このようにはっきり色分けするのはとうてい無理だ。複雑な性質を持つできごとを、二つの分類にきっちりはめ込むことなどできはしない。これをつきつめれば、やがてはギリシャ神話に出てくるプロクルステスのようになってしまう。

プロクルステスは今でいうホテルのようなものを持っていて、旅人に心地よい夜の眠りを提供することにこだわっていた。彼は、ベッドのサイズは客にぴったりでなければならないと思い込み、そうでなければ心地よくないと信じていた。

そのために、プロクルステスは何をしただろうか？　客の背たけがベッドより長ければ客の足を切り、短ければ身体を引きのばしたのである！

ものごとは曖昧でなくはっきりしていなければならないとないものねだりをすれば、プロクルステスのように考え、行動することになる。残念なことに、この場合に悩むのはあなた自身だ。あなたが求めたところで、世の中はプロクルステスの客とは違い、はっきりしたものになってはくれないからである。

POINT

**不確かで曖昧であることこそ、人間らしい。**

**そのことを受け入れよう。**

# 14 正しさを要求しすぎない

すべての正しさを要求することは現実を受け入れる妨げになる。何ごとにも正しい方法、適切な態度、妥当なものの見方というものが一つだけあり、他の人もそれに従うべきだと考えてしまうからだ。

このような態度は往々にして対人関係で大きな障害になる。他人があなたに同意しないことを許せないと感じ、一つの問題についてあなたの意見と同じように正しい、しかし異なる意見があるかもしれないということを受け入れないからである。狂信的行為やテロ行為の根底には、このようなひとりよがりの態度がある。

現実には、ものごとの正誤をはっきりと決めることはできない。同じ問題について、いくつもの違った見方がある。同じできごとに対しても、あなたの意見と同じくらいに正しい、違う見解をとる人がいる。

つまり、世の中にはさまざまな考え方があり、世界中のほとんどの人にあまねく受け入れられている考え方などないのだ。世の中にはさまざまな原理があるという現実を受け入れるためには、自分では自分が正しいと思う考え方をしても、他の人には違う考え方をする権利があるということを認める必要がある。
狂信者やテロリストがこの現実を受け入れさえすれば、世の中はどんなに安全になるだろう。

POINT

**あなたの意見は正しい。**
**同じように、相手の意見も正しい。**

## 第3章

# 忍耐強さを身につける

# 15

# 目先の不快さに耐える

人間はいつも、短期的利益と長期的利益のどちらを選ぶかを迫られている。片方をとることがもう片方の達成にもつながる場合は、一般的に何ら問題はない。だが、両者が衝突すると、問題が生じる。心が健康であるためには、短期目標と長期目標のバランスを建設的なものにする努力が必要になるからだ。

長期目標を追求するあまり、短期目標をお預けにしてばかりいると、ほとんど人生を楽しむことができない。かといって、短期目標ばかりを追えば、そのときはいい気分になっても、とかく表面的で深みのない生活になってしまう。

短期目標と長期目標のバランスが健全であれば、意義のある目標を追求しているのだという感覚が得られ、当面の心地よさも適度に得ることができる。

30年余りのカウンセリング経験から感じるのだが、人間にとってもっとも実行が難しいことの一つは、短期的な不快さに耐えつつ長期目標を達成しようとすることだ。目先の楽しみや心地よさをがまんすることで将来の人生が豊かになるのに、なぜそんなに難しいのだろうか？

それは人間が欲求不満忍耐度の低いほうへと行動してしまうためである。この傾向が強いと、「ものごとをよく先のばしにする」「だらしない生活を送る」「一番関心のある分野の仕事でも、やり通せないことがよくある」「面倒を避けたいばかりに行くべき道をそれる」などの症状が現れる。視界から追い出せば心からも追い出せると信じて、脇に寄せておいた未払いの請求書の山が、あたりにないだろうか？

問題をてっとり早く解決する方法はないか、いつも探している人もいるかもしれないが、そのような人たちは、食べすぎや吸いすぎ、飲みすぎ、ギャンブルにのめり込むこともある。

もし心当たりがあるのなら、私が「心地よさの罠」と呼んでいるものにとらわれている可能性が高い。そして心地よさの罠にとらわれているなら、あなたは疑いなく欲求不満忍耐度の低い哲学を持っている。

POINT

**短期目標と長期目標のバランスをとることが、充実感と心地よさを与えてくれる。**

# 16 心地よさばかりを求めない

あなたは、「絶対に欲求不満になりたくない。万一そんな目にあったら、最悪の事態で耐えられない」と考えていないだろうか？

このような考え方の人が欲求不満に直面すると、真っ先に考えるのは、何でもいいからてっとり早い方法で、何とかその状況から抜け出そうということだ。たとえそうすることで将来の欲求不満が増えることになっても、おかまいなしである。現在の欲求不満から自由になることしか眼中にないので、将来にさらなる問題に追い込まれる可能性があっても、たいして気にならない。

「今が心地よくなければならない。そうでないと耐えられない」という考え方も問題だ。こう考えている場合、いったん心地よい状態になると、必死にその状態にかじりつき、どんなに関心を持っている分野のことであっても、一時たりとも心地悪い状態に身をおきたがらない。

隣の部屋に洗い物がたまっているのを知りながら、ゆったり心地よい椅子に座っているところを想像してほしい。「今が心地よくなければ」と考えていれば、肘掛け椅子から立ち上がるには大変な努力がいる。洗い物をしないことの心地悪さがつのれば、あなたは立ち上がる。心地よくなければならないと考えているのは相変わらずだが、洗い物を放っておくより、かたづけたほうが気分がいいと感じるようになったのだ。

心地よさを追い求める人は、つねに可能な限り一番心地よい道を探そうとする。長期的に見れば、そのせいでいっそう大きな問題にはまっていくとしても。

POINT

**なぜ、つねに、「今が心地よくなければならない」のか?**

# 17 いやな気持ちから逃げない

「いやな気持ちは絶対に味わいたくない。そんなことは耐えられない」と考えていると、次の二つのことが起こりやすい。

一つは、いやな気持ちを味わいそうな状況を避けるため、自分が行くべき道からそれてしまうことである。たとえそのいやな気持ち――否定的感情が健全なもので、あえてそれを受け入れれば、のちにより大きな満足が得られるとしても。

こうなると、いやなことを避けようとするあまり人生をひどく狭めていることに、自分でも気づくだろう。

「もし世の中がもう少し住みやすく、人が私にもう少しやさしかったら、思い切っていろいろなことができるのに」とあなたは心の中で叫ぶ。

自分がいやな気持ちに耐えられないと思い込んでいるので、健全なリスクを負うことを拒否するだけでなく、この世にあるいやなことの量を多く見積もりすぎてしまう。不快なできごとに立ち向かい、それを乗り切るなど、思いもよらないのだ。考えていることといえば、ただ、いやな思いをせずにすますことだけだ。

もう一つは、いやな気持ちを避け切れなかった場合、当然のことながらその苦痛が増すということだ。「いやな気持ちになってはいけない」と考えつつ不安に直面したりすると、一般的にそのようになる。「不安になってはいけない、不安になったら悲惨で、本当に耐えられない」と思い込み、この「不安に対する不安」が不安を本当のパニックに変えてしまう。

この二つの現象は、同時に起こることも多い。つまり、いつも可能な限りいやなことから逃げ回りながら、不安をパニックにふくらませるのだ。いやなことを完全に追い出すことは実生活ばかりでなく想像からも、決してできないからである。

POINT

**いつもいやなことから逃げ回っていることで、かえって不安感がふくらんでいく。**

# 18

# いい気分にこだわらない

「いい気分になるべきだ。それができない生活なんて悲惨だ。いつも幸せで楽しく愉快に過ごせなければ耐えられない」という考え方も問題だ。

このように信じ込んでいるなら、あなたの生活は自滅型の一つにあてはまると言っていいだろう。まず考えられるのは、中毒しやすい物質や行為に、のめり込む型だ。酒を飲み、チョコレートを食べ、時には薬物に依存していい気分になろうとする。あるいは、ギャンブルにのめり込んだり、とめどなく買い物を続けたりする。

これらの行為で問題なのは、その効果が短時間しか続かないことだ。前に飲んだ「快楽」という薬の効果が切れたら、すぐにあなたはまた、次の「快楽」を飲まなければならない。これを捨て去るよう戦わなければ、文字通り死に至ることもある。

この考え方の結果として、もう少し害の少ない型の人もいる。すなわち、いつもすぐに退屈してしまう人だ。いい気分だけを味わおうとすると、楽しいことをしていても、そのいやな面が気になってしまう。

たとえば、楽しいことだけを経験すべきだと信じているサイモン。彼はテニスが好きだ。コートに出る前、彼はやる気満々だが、彼のやる気はすぐになえる。テニスは楽しいが、ゲームには多少の欲求不満がつきものだからだ。自分より少しだけ上手な相手と対戦できないと彼はすぐ退屈するのだ。相手が自分より下手なときなど、特にそうだ。また、相手が自分よりはるかに上手なときも、簡単に負けてしまうので、すぐにやる気がなくなる。さらに、ネット際のボールを集めなければならないことにげんなりし、相手のサーブもいい球がこなければすぐいらいらする。

サイモンのような人は、何をしたところで決して満足できない。どんな楽しいことにも、何かしら不快なところはあるからだ。世のサイモンたちは、自分の考え方のせいで、ものごとの不快なところにばかり目を向け、おおげさにとらえては自ら楽しむチャンスを逃している。

**POINT**

**いい気分だけを味わおうとしなければ、楽しいことが十分に楽しめる。**

# 19 ぐずぐずと引きのばさない

前述の四つの考え方「欲求不満はいけない」「今が心地よくなければならない」「いやな気持ちになってはいけない」「いい気分になるべきだ」のうち、どれか一つでも持っていると、何かにつけてぐずぐずする傾向が出てくる。今日やったほうがいいことを明日に引きのばすのだ。

ぐずぐずする人は、今日やる必要のある仕事をすぐ始めなくてすむようなもっともらしい理由をすぐに考え出す。しかし、自分に正直になれば、そのような「もっともらしい理由」はまったくの言い訳、正当化にすぎないことがわかるだろう。言い訳には次のようなものがある。

仕事を始めるには、その気になる必要がある……これが嘘であるということは歴然としている。たいていの場合、その気にならずとも仕事を始めることはでき、仕事をした結果、やる気になることもあるからだ。

仕事を始めるにはプレッシャーをかけられるか、せかされる必要がある……これもまた嘘である。ぐずぐずする人は、実際にプレッシャーがかからないと仕事を始めないが、それは、引きのばすことのほうが仕事をすることより、ある時点で心地悪くなるからである。だからといって、仕事を始めるために、プレッシャーのかかった不安な状態が必要だということにはならない。プレッシャーがない時点で早く仕事を始めれば、もっと時間をかけて創造的に考えられ、結果としてもっといい仕事をすることができる。

ぐずぐず引きのばすのは、あとで言い訳ができるからでもある。仕事をやり遂げるのに十分な時間がとれなかった結果、いい仕事ができなければ、できが悪いことを時間がなかったせいにできる。そうすれば、自分の知識や技術がどれだけ足りないか、つきつけられずにすむ。そういった自分を脅かす情報を言い訳でごまかしてしまうので、ぐずぐずする人はほとんど経験から学ぶことがない。

POINT

**その気にならなくても、プレッシャーがなくとも、仕事は今すぐ始められる。**

## 20

# 欲求不満を受け入れる

欲求不満忍耐度を高め、もっと精神的に健康な生活を送るには、何が必要なのだろう。まず、前述の「欲求不満はいけない」「今が心地よくなければならない」「いやな気持ちになってはいけない」「いい気分になるべきだ」という四つの考え方のどれかに自分がとらわれていないか、また、どのようなときにその考え方にとらわれるのか、見きわめる必要がある。次の三つの質問を自分に投げかけてみよう。

第一のもっとも大切な質問は、「この考え方は、精神的に健康で、より満足できる生活につながるだろうか？　それとも、自分自身や周囲の人との間に深刻な問題を引き起こし、長期的目標を達成するのを妨げるだろうか？」である。欲求不満忍耐度の低い哲学から生まれた考えは、長い目で見れば当然のことながらたいていよい結果をもたらさない。

第二の質問は、「欲求不満や心地悪さ、いやな気持ちを味わってはならない、あるいは、あらゆる条件は私がいい気分になるように作用しなくてはならない、という法則がこの世のどこかにあるか?」である。そんな法則があるのはあなたの頭の中だけで、世の中はその通りにはなってくれない。

第三の質問は、「私は欲求不満になりたくない、だから欲求不満になってはいけない、と考えるのは論理的だろうか?」。これも論理性に乏しい。「ねばならない」は、理論上、健全な態度からは生まれない。

このとき一番大切なのは、新しい健全で柔軟な考え方をしっかり心に留めておくことだ。つまり、「欲求不満はいけない」という考え方を検討するときは、「欲求不満は望ましくないが、より意義のある目標を達成するためには、それに耐える必要がある」と肝に銘じておくのである。人生につきものの欲求不満を受け入れる気になれば、解決できる問題も広がるし、欲求不満の状況から抜け出すこともできる。

POINT

**人生には欲求不満がつきものだ。**
**それなら、受け入れてしまおう。**

# 21

## 「耐えられない」と思わない

「欲求不満、心地悪さなど、あらゆるいやな気持ちはがまんならないし、絶対に耐えられない」という考え方を退けよう。この「耐えられない」哲学は不合理である。おおげさかもしれないが、あなたは欲求不満を感じるとばったり死んでしまう、ということになる。

しかし、こんなことはありえない。また、その欲求不満が消え去らなければ、もう今後の人生でいかなる幸せも味わえないという意味にもとれる。もちろん、そんなことはめったにない。仮にあったとしても、人間は耐えられないと思っているものにも耐えられるものだ。

今度はこの「耐えられない」哲学に三つの質問をしてみる。

一問目。「欲求不満などのいやな気持ちに耐えられないと信じることは、精神的に健康で、より満足できる生活につながるだろうか？　それとも、自分の妨げになるだろうか？」。もちろん答えは後者だ。

二問目、「私は欲求不満などのいやな気持ちには耐えられない、という法則がこの世のどこかにあるか？」。もしあれば、あなたはどんなときも、たとえ愛する人の命を救うといった非常事態でも、欲求不満などに耐えられないことになる。そのような場面を考えてみれば、この考えにはまったく根拠がない。

三問目、「欲求不満は不愉快でがまんしがたい、だから欲求不満にはがまんできない、と考えるのは論理的だろうか？」。明らかに乱暴な結論づけである。

「耐えられない」哲学を「好きではないが、耐えられる」哲学に変えるには、高い欲求不満忍耐度の考え方にのっとった行動がしっかり身につくまで、欲求不満忍耐度の低い考え方をくり返し検討し続けることだ。

高い欲求不満忍耐度の哲学を身につけることは、心理学で心の健康を考えるにあたり、もっとも重要でありながら、悲しいことにもっともおろそかにされているテーマの一つである。

POINT

**人は耐えられないと思っていることであっても、実は耐えられるものだ。**

# 第4章

# 自分自身を大切にする

## 22

# 自分を受け入れる態度を身につける

心理学関係の読みもので、他人を親身に思いやり、よりよい関係を築く方法を説くものは、たくさんある。だが、自分自身を親身に思いやり、自分自身とよい関係を結ぶことを説いた本は、ずっと少ない。

しかし、自分自身との関係は、他人や世の中との関係に影響を与えることも多い。アメリカの有名な心理学者アルバート・エリスも述べているが、自分自身と仲良く気持ちよいつき合いをすることもできずに、どうして他人と調和してうまくやっていけるだろうか？

そこで、これから自分自身に対する健全な態度を作り上げるための重要な要素を紹介していこう。

第一に大切なのは、自分を受け入れる態度を身につけることだ。

私は、自尊心あるいは自己評価という考え方に反対している。そう言うと、読者の多くはきっと驚くことだろう。なぜ反対なのか？　自尊心とは何か、慎重に考えてみればわかってもらえるはずだ。

そもそも、自己とは何だろう？　私の同僚ポール・ハウクは、自己とは、その人の性格、考え、感情、行動、興味などから成る、と述べている。私も同意見だ。したがって、自己を評価する――つまり、さまざまな要素から成る自分自身に総合的な一つの評価を下すには、生まれてから死ぬまでの自分のすべてを知る必要があるという理屈になる。

どうすれば、膨大な量にのぼるであろうそれらの記録を、逐一正確に得ることができるだろうか？　また、自分自身に対して、なぜそのような総合的な評価をする必要があるのか？

人間は本質的に誤りを犯しやすい存在なので、誤りを犯す可能性があり、実際に誤りを犯すこともある。長所や短所、あらゆるものが複雑に混ざり合った存在なのだ。そのことを受け入れよう。

**POINT**

**他人とうまくやっていくために、まず、自分とうまくつき合うことだ。**

# 23

# 自分の自尊心に条件をつけない

自尊心は一般的に条件つきである。つまり、特定の条件が満たされているときしか、あなたは自分を価値ある（あるいは、より評価に値する）存在と見なすことができない。

条件というのは、たとえば、有能にふるまう、大切に思う人から愛される、道徳的に行動する、といったものだ。自分を価値ある（あるいは、より評価に値する）人間と見なす根拠をこういった条件に求めていると、条件の状態次第ではみじめな結果になる。

道徳的に行動するから価値ある人間だというのなら、道徳的に行動しなければ価値がないということになるからである。また、この結論の下し方は乱暴でもある。たった一つの行動に対する評価（私は不道徳な行いをした）を大ざっぱに自分全体にあてはめてしまう、つまり、自分にレッテル（私は不道徳な人間だ）を貼ってしまうのだから。この行動は自分自身はおろか、自分の行動の一部にしか過ぎないのに。

条件つき自尊心の哲学を持つと、自分は有能だから価値ある人間だと思っていても、内心は不安である。自分の価値を維持するために有能にふるまい続けなければならないからだ。
人間は誤りを犯しやすい存在だから、間違いもするし、有能にふるまえないこともある。したがって、自尊心に有能な行動という条件をつけている限り、つねに心の底に横たわる不安に脅かされる。

**POINT**

**自尊心に有能な行動という条件をつけている限り、潜在的な不安に脅かされる。**

# 24

# ありのままの自分を受け入れる

条件つきの自尊心に代わるべき考え方は、おもに二つある。その考え方を持てば、ずっと気持ちが楽になり、心の健康も得やすくなる。

一つは、無条件の自尊心、自己評価である。つまり、単に生きているから自分は価値がある、というふうに考えればいい。この哲学を追求すれば、精神的に健康に生きていくことができるだろうし、もしあの世があると信じているなら、いよいよというときには、あの世で生きている限り自分には価値があると決意を新たにすればいい！

ただし、問題はある。誰かがいきなり「あなたは生きているからこそ、無価値なんだ」と言ってくるかもしれないからだ。それでもなお自分を価値ある存在と考える根拠を「生きているから」と考えるには、確固たる信念が必要になる。そのような信念を貫く限り、精神的に健康な生活を送れるだろう。

もう一つの考え方は、もっと難しい。しかし、より現実的で実り多いものだと私は信じている。それは、「自己」をひとまとめにして評価することを、まったくやめてしまうことである。

「人間としての自分はあまりに複雑で、たった一つの基準だけで評価することはできない。もしそのようなことをすれば、あまりに乱暴な結論を下すことになり、何ら裏づけのないレッテルを自分に貼ることになる」と理解することでもある。

そして、長所も短所もある、誤りを犯しがちな人間としての自分を受け入れることだ。そうすれば、自分のいいところは伸ばし、悪いところを抑えようと努力することができる。しかし、この自己を受け入れる哲学を完全にマスターすることは、誰にもできない。それは、人は完璧ではありえないからである。自分を評価せずに受け入れようとつねに心がけることが大切なのだ。

POINT

**自分を評価せずに受け入れようとつねに心がける。**

**完全にマスターすることはできないだろうけど。**

# 25

# 自分の個性をたたえる

講演のときにはいつも話すのだが、私と同じ興味の組合せを持っている人はまずいないだろう。

私は、テレビでプロボクシングを見るのが好きで、ソウル・ミュージック、とりわけジュニア・ウォーカー&オールスターズに夢中である。サッカーはアーセナルを応援し、少年漫画「ビリー・バンター」シリーズを読むことをよろこびとし、自分自身は心理療法やセルフヘルプの本をせっせと書いている。このような興味の組合せを持った人物には、まず永遠にお目にかかることはあるまい。

このような自分の姿を前にして、個性をたたえるか、奇人変人と見なすかは、私の自由だ。私は前者をとりたい。そのほうがより健全で現実的だし、人生に対してより論理的で前向きな姿勢だからである。大いに自分の個性をたたえ、自分のかけがえのなさを認めよう。

若い頃は私も、絶対に持つべき興味と、持つべきでない興味というものがあると思っていた。シェイクスピアの作品やクラシック音楽を楽しむべきであり、テレビの昼メロやプロボクシングを楽しむべきではない、と決めつけていた。自分の個性を否定し、ある種の興味を持つのは恥ずかしいと思っていたのだ。

今の私はそんなことはしない。あなたの興味があなたにとって魅力的であるなら、たとえ周囲が眉をひそめようが、他人や動物や環境の害にならない限り何ら悪いことはない。

もしあなたが鉄道好きなら、他人がばかにするからといってそれを思いとどまることはない。ゲームが好きなら、ゲームを極めていこうではないか。可能なら、好きなことを共有できる同好の士を見つけ、その人たちと楽しむといい。

ある種の興味は絶対に持つべきではないなどと考える必要はない。そのような考えに根拠はなく、非論理的で、せんじつめれば自滅的である。真に自分らしい興味や好みを持ち、思い切りそれを追求することだ。

POINT

**自分らしい興味や好みを持ち、それを思い切り追求しよう。**

# 26 自分の利益を大切にする

自分よりあなたの利益を優先してくれる人でも見つからない限り、自分の利益を優先するのは大切なことであり、心の健康のしるしでもある。

もし、いつもよろこんで自分よりあなたの利益を優先してくれるような人がいたら、それはそれで必ず面倒なことになる。そのような人は自分の意見をほとんど持っていなかったり、ひどく困って助けを求めていたりしがちだからだ。結局気がつくと、あなたはこのような考え方の狭い人とばかりつき合っていて、窒息しそうになる。

自己中心的になれと言っているのではない。まったく逆だ。自己中心的であるということは、他人を信用せずにいつも自分のことを一番に持ってきて、周りの人の利益や願望をおろそかにし、自己愛的で利己的な自分のやり方に他人が合わせてくれるのを期待することだ。

私が言う見識ある利己主義の哲学というのは、自分の利益に注意を払う一方で、他人との約束を守り、他人の利益も心に留めておくということだ。いつも自分第一で他人の二の次、というものではない。

実際、人間は自分より他人の利益を優先することがある。特に、子どもに対しては。

しかし、最近の研究では、子どもが相手の場合も、親が子どもの利益ばかり優先することなく、健全な範囲で親自身の利益にも注意を払い、そのことを子どもが知っているときこそ、子どもは健全によく育つと言われている。

つまり、見識ある利己主義は本質的に柔軟なのである。基本的に自分の利益に注意は払うが、自己中心的な方法や、他人の利益を無視するような方法はとらない。あらゆる状況の要求に対応しうる柔軟性を持っているのだ。

POINT

**健全な範囲で自分の利益に注意を払おう。自己中心的にではなく。**

# 27

# 自分の行動にけじめをつける

見識ある利己主義は、ものごとにしっかりとけじめをつけ、それを維持することで、ほぼ可能になる。

生きていく上で、やらなければならないことはいろいろある。まず、自分の身体に注意を払うこと。自分がどう感じているかにも気を配り、ひとりでじっくり考える時間を作ること。これらは人とつき合うときにも念頭においておいたほうがいい。

また、仕事をしているなら、雇い主に対して責任を果たす必要もある。そのほか、趣味や興味、ボランティアの時間もほしい。これらの行為それぞれの間に、きちんとけじめをつけないと、すぐにお手上げ状態になってしまい、心理的、感情的な安定は失われてしまう。

心の健康のためには、責任を持ち、活動し、計画を練るにはそれぞれにどれだけ時間が必要かよく考えておくべきだろう。何を優先するかを慎重に考えた上で、特に責任について熟慮し、あなたの貴重な時間を配分しよう。時間を有効に使うことができることも心が健康であるしるしだ。

私のクライアント、アレックスの例を紹介しよう。彼は一番優先しているのは妻と子どもだと言った。ところが、彼が家族と過ごす時間と友人と過ごす時間を調べて比較してみると、家族にはほんのわずかな時間しか割りふられていなかった。

彼はこの結果にショックを受けたようだった。残念ながら、彼も多くの人と同じように、家族を思う気持ちが十分にあれば、一緒に過ごす必要はないと考えていたのだ。

私はアレックスに、自分の生き方を把握すれば、ものごとの優先順位を反映した時間の使い方ができるようになることを助言した。つまり、楽しくはあるが別のことをする時間を減らしてしまう行為を、どうがまんしていくかということだ。

アレックスは今、自分が以前より幸せで健全だと思えるようになった。それは、自分の価値観で時間を配分し、ものごとにけじめをつけ、本当に大切なことのために使う時間を確保することを学んだからだ。

POINT

**自分の人生の優先順位を反映させて、貴重な時間を配分しよう。**

# 28

## 自分がやろうと決めたことを今すぐ始める

人生が一度きりだというのはわかり切ったことだが、多くの人は、まるで何度も生き直せると思っているかのような生き方をしている。

そのような人は、何かにつけて「これはあとで」と言う。そうやって過ごしていると、死すべき運命に直面したとき、自分が決めた優先順位と、実際の生き方の間に矛盾を感じることになる。

病気になったことで一歩引いて人生の方向を考え直すことにつながったという人の話を、何度も聞いたことがあるのではないだろうか？　何を優先するか考え、やろうと思っていることにけじめをつけ、自分の価値観や好みにしたがって生きようと決意するのに、わざわざ命にかかわる状況を体験する必要はない。

多くの人が、他人や他人の行為を、つい自分のものより優先させてしまう。誰でも何かしらやりたいことを持っている。たとえば、小説を書くとか、旅行に行くとかだ。必ず実現すると心に誓うことさえある。だが、その約束を守ることはいったいどれだけあるだろうか？　また、「もしも人生をやり直すことさえできたら、あんなふうに、こんなふうにできたのに」と人が言うのをいったい何度聞いただろうか？

縁起の悪いことを言うようだが、自分が死の床にあると想像してみるとよくわかる。そのときあなたはどんな「もしも」を口にするのだろうか？　それを書き留め、約束を守れるうちに実行する計画を立てようではないか。そして、自分の行動に優先順位をつけ、実行するのだ。

優先順位の低いものには手をつけられないかもしれないが、自分にとって大切なことは必ずやると誓い、その誓いを守ろう。

POINT

**自分にとって大切なことは、必ず実現すると誓い、その誓いを必ず守ろう。**

# 29

# 健康に気を配る

「健全な精神は健全な肉体に宿る」という言葉を聞いたことがあるはずだ。厳密に言えば、これは真実ではない。重い病に倒れながらも強固な意志を持ち、皮肉にも病にかかる前より精神的に健康になった人たちもいる。

しかし、うまく体調を保てないと、身体の活力を感じることができず、無気力状態になって、心をよりよい状態にしようと地道に努力することが難しくなるのは確かである。だから自分の身体や体調に注意する必要があるが、ここで、酒や煙草、その他薬物の害悪について説くつもりはないし、スポーツクラブに入ることの大切さや、運動を習慣にする必要性を説こうとしているのでもない。

身体的健康に多少の配慮をしないと、将来身体が衰えやすくなり、その結果、おそらく心の健康も脅かされることになることを強調しておきたいのだ。

身体的健康に気を配るにしても、柔軟でほどほどであることが大切だ。だから、これと決めた健康法などに入れあげるのは、どうかやめてほしい。

医師や栄養士に助言を求め、体調をうまく保っていけるような食事と運動のほどよいプランを作ってもらうとよいだろう。また、健康はもろいものだということを認め、医師や栄養士の勧める建設的あるいは予防的方策は、積極的に取り入れるといい。

私たちは心臓発作や癌、その他命にかかわる病気に自分は無縁だと思って生活をし、体験してはじめてライフスタイルを変えようと決意する。

くり返すようだが、特定の健康法に入れあげたり、雑誌にひょっこり登場する怪しげな治療法や得体の知れない説に踊らされたりすることなく、病気にならないためにいったい何ができるのか、慎重に考えよう。病気すべてを避けることはできないが、今のうちに少し予防策をとっておいたほうが、のちにあれこれ治療を受けるよりはいいはずだ。

POINT

**今のうちに少しは病気の予防策をとったほうが、あとで治療を受けるよりいいだろう。**

# 30 自分に栄養を与える

大切な人を思いやるように自分のことも思いやろう。不思議なことに、他人を思いやって育てる例に関してはよく見聞きするが、自分に栄養をやって建設的かつ健全に育てるという話はめったに聞かない。

栄養をやるということがどんなことか理解してもらうために、私個人がどのようにしているかを紹介しよう。私の場合、修道士の歌うグレゴリオ聖歌を聴くと心が落ちつく。毎日20分、私は何もしない時間を作り、目を閉じてグレゴリオ聖歌のテープを聴く。

だが、あなたが同じことをしても、まったく栄養にならないかもしれない。私はグレゴリオ聖歌の素晴らしさをほめたたえたいわけではないのだから。

自分に落ちつきと栄養を与えるために、どんなことが継続的にできるか、ぜひ自分で見つけてほしい。それは定期的にマッサージに通うことかもしれないし、木立の中を散歩することかもしれない。

少し前にも述べた通り、人の興味はさまざまだから、どんなことを栄養と感じるかもさまざまだ。だから、ひとりですることでも、人と一緒にすることでも、人にしてもらえることでもいい。栄養になることを見つけ、継続的にそれを続けよう。それが心の安定にもたらす効果のほどに、あなたはきっと驚くに違いない。

**POINT**

**自分に落ちつきと栄養を与えてくれることを見つけ、それを継続しよう。**

# 31

# 自分にも他人にも正直でいる

この複雑な現在の日常の中で、正直であることはきわめて難しい。人は仮面をつけ、本当の感情を隠し、何かの役を演じることを奨励されている、と社会学者は言う。

もちろん私も、そのような社会の圧力を否定するほどおめでたくはない。しかし、そのような状態に直面しても、それなりに正直でいることは可能だと、私は信じている。

ここで取り上げたい正直さは二つある。

まず一つは、自分に対して正直であれということ。つまり、人間味のない理想化されたイメージにしたがって生きようとあがいて、本当の感情を隠そうとするな、ということだ。

自分以外の何者かになろうなどと考えないでほしい。自分を受け入れれば、正直に自分に弱みがあることを認め、穏やかな、しかし断固とした態度でそれを改善していくことができる。ところが、自分を受け入れていない人は、自分の欠点や失敗を認めず、それを他人のせいにしたり、無理な方法でそれを改めようとしたりする。

もう一つ、他人に対して正直であることも、もちろん大切である。他人に対して自分の好き嫌いを正直に言うことは、特につき合い始めた最初の頃なら、心痛や時間の無駄をかなり減らしてくれる。

本当に正直に自分をさらしたら相手に受け入れてもらえないだろうと思うがゆえに、あなたは何度、よそいきの——そしてしばしばニセの——顔を人に向けてきたことだろう？

イエズス会の司祭ジョン・パウエルはその著書、『なぜ自分を知らせるのを恐れるのか？』（女子パウロ会）の中で、他人に正直になることを怖れるのは、一見奇妙なようだが、実は自分の弱さを受け入れていないからだと述べている。

自分の弱さを受け入れていれば、もっと他人に正直になれる。もし拒絶されたら悲しいことだが、どうせ拒絶されるなら、ずっとあとになって長い間隠していた本当の感情を明かしたときより、つき合い始めのほうがいい。

**POINT**

**正直さとは、自分の弱さを受け入れること。**

# 第5章

# いやな気持ちもあえて味わう

# 32

# いやな気持ちを受け入れる

心の健康を促進することについて述べた本書に、いやな気持ち――否定的感情を味わうという項目があることを不審に思うかもしれない。

もし、心が健康な人はいつも気分良好で、不快なできごとにも平静に対応するというように考えているなら、そんな考えはすぐに忘れてほしい。心の健康というものをそのように見るのは不自然だ。

いい気分しか味わったことがないという人が本当にいたら、災難にまったくあったことがないか、災難に対してふさわしくない肯定的な態度で対応しているか、そのどちらかである。

感情は態度や考え方（あるいは私が哲学と呼んでいるもの）から生まれるから、不快なできごとを肯定的に受け取ることができるということは、その不快なできごとに対して不自然な肯定的態度をとっているということになる。

たとえば、あなたが詩のコンテストに参加し、最優秀賞の最終選考に残ったと知らされたとする。この賞はあなたにとって重要であり、心から受賞を望んでいたものなので、あなたは飛び上がってよろこぶ。しかし、その後あなたは選に漏れたという手紙を受け取る。

そのとき「ああ、賞を取れなくてよかった」という態度をとるのは嘘ではないだろうか？　だが、いい気分でいるためには、このように考えていなければならない。

いい気分といやな気分が半々なら、不自然ではない。たとえば、「最優秀賞が取れなかったのは残念だが、最終選考に残ったのはうれしい」というように。「最優秀賞が取れなかったのは残念だ」と考えるのは、否定的ではあっても健全な感情である。落胆するということは、よろこばしくないという意味で否定的ではあるが、不快なできごとに適応し、対処し、次の行動に進むことを可能にするという意味で健全だ。

POINT

**落胆することは、否定的な感情であるが、次の行動を可能にするという意味で健全である。**

# 33

## 無関心を装わない

前述のコンテストで、あなたが賞をとらなかったことに対して平静あるいは無関心であると仮定してみよう。なぜ、これは心の健康につながるよい例にならないのだろうか？　そのためには、賞をとろうがとるまいがどうでもいい、と考えなければならないからだ。

このような考え方は見え透いた自己欺瞞、あるいは心理学で防衛機制の「合理化」と呼ばれているものの見本のようなものだ。

無関心の哲学を持つということは、キツネとブドウの話のキツネのようにふるまうことである。キツネは本当はブドウがほしかったのに取れなかった、というあの話だ。

キツネは「残念だ。ブドウを取るためにはもっと考えなくては」という健全な結論に至ることなく、「あのブドウはすっぱそうだから、別にほしくないや」と結論した。

健全ないやな気持ちになれることが、心が健康であるしるしだと言った理由が、もうおわかりいただけたと思う。いい気分しか感じていないとしたら、おそらくあなたは不快なできごとをも肯定的にとらえていて、それはきわめて不自然なことなのである。

自分が心から望んでいたことに対して無関心だということは、あなたは自分をだまし、本当は自分にとって重要なものを否定していることになる。

POINT

**健全な「いやな気持ち」を持てるということは、心が健康なしるしだ。**

# 34

## 心配を受け入れる

安全や幸福が脅かされたとき、そのことを心配するのは健全である。

心配は、「世の中のあらゆる条件の作用で私を脅かすようなできごとが起こることもある」「脅威があるのはいやだが、最悪というほどではない」「もし脅威を感じるようなことが起こっても、私はその状況に耐え、対処することができるし、そのような環境にあっても自分を受け入れることができる」のような考え方から生まれる。

心配に相対する不健全な感情は不安であるが、それは次のような考え方から生まれる。「私を脅かすようなできごとは起こってはならない」「もし起こってしまったら、悲惨で耐えられない」「それがもし自己像を脅かすものなら、自分が無価値だと証明されてしまう」など。

心配という感情が健全なのは、自分を脅かすものを直視し、それが身に迫ったときも、明快に考え、建設的に対処することを可能にするからである。また、脅威や危険を大きく見積もりすぎることもずっと少なくなる。

私が行ったある実験で、二つの被験者のグループのうち一方には、クモに対して健全で実際的な否定的態度「なるべくクモを見たくはない。だが、運悪く見たとしても最低だとは思わない」をとってもらった。もう一方のグループには、クモに対して不健全な態度「クモを見てはいけない。もし見るようなことがあったら、最低だ」をとってもらった。

そこで、双方のグループに、最低一匹はクモがいる部屋に入るところを想像するように頼み、クモの数や大きさなどいくつかの質問をした。すると、健全で合理的な態度をとるように言われたグループに比べて、不健全で不合理な態度をとるように言われたグループは、より多くのクモがいて、とても大きい気がしたと答えたのである。

つまり、不安を感じていると自分の身にふりかかる脅威を過大視するのだ。また、不安は、脅威に対する自分の能力を過小評価させることもわかっている。

POINT

**心配は自分を脅かすものを直視し対応するのに役立つが、不安は自分を脅かすものを過大評価させ、自分の力を過小評価させる。**

# 35

# 悲しいときは思い切り悲しむ

愛する人、ペット、実現する見込みのなくなった希望など、大切なものを失ったときは悲しむのが健全である。まったく、あるいはほとんど大切ではなかったかのようにやり過ごしてしまうと、その体験にけじめをつけることができず、次の建設的な行動に移ることができない。

かといって、失ったことによって極度に落ち込むのは、健全ではない。なぜなら、落ち込むことは行動をうながさず、感情的な行きづまり状態につながるからである。

何かを失った（あるいは失敗した）ことによる悲しみは、以下の考え方から生まれている。「大切なものを失うのは望ましいことではないが、そのようなことが絶対起こってはならないという宇宙の法則はない。起こったことは、起こったことである」「何かを失うのはいやなことだが、最悪の事態というわけではない」「私はこの状況に耐えられる」「この状況は、私の人間としての価値には何の影響もおよぼさない」

しかし、極度に落ち込むときは、以下のことを信じている。「大切なものを失うなどということは、絶対に起こるべきではない」「このようなことには耐えられない」「大切なものを失うと、自分の価値まで一緒に失われてしまう」など。

落ち込むのではなく悲しむだけなら、未来への希望を失うこともないし、「喪失を体験するのも、複雑な人生の一部だ。この体験を、世の中をより広い視野で見るきっかけにすることが大切だ」と納得することもできる。しかし、落ち込んでその体験を受け入れられないと人生は意味を失ってしまう。

悲しみは、失ったものをいたむ気持ちであり、次の建設的な行動をうながす。落ち込みは、失ったものをいたむ過程の妨げになり、それを引きのばす。また、落ち込むと、何もする気になれなくなり、何かするとしても、たいてい建設的なことではない。だから、喪失や失敗に直面したときは、思い切り悲しむことだ。

POINT

**悲しみは、失ったものをいたむ気持ちであり、次の建設的な行動をうながす。落ち込みは、失ったものをいたむ過程を妨げ、それを引きのばす。**

# 36

# 困惑を建設的な方向に向ける

職場の同僚が根も葉もない噂をばらまいてあなたを中傷したら、その侮辱に甘んじたり、無関心でいることが、健全だと思うだろうか？　そんなことはないはずである。相手のしたことに困惑し、建設的に状況を回復しようと努めることこそ、ごく健全なことだ。

このような状況に困惑するなら、あなたはこう信じている。「このような邪魔は入ってほしくないが、入ってはならないということではない」「邪魔が入ったことはとても残念だとは思うが、最悪の事態というわけではない」「いい気持ちはしないが、がまんできる」「私を邪魔する相手は、悪い方法で行動しているが、その人自身が悪いわけではない」など。

それに対し、怒りは、以下のようなないものねだりの哲学から生まれがちである。「人は絶対に私の決まりごとを破ったり、私の邪魔をしてはいけない」「そのような人がいたら、最悪である」「そのような状況は、がまんできない」「そのような無作法なふるまいをするのは、まったくもって軽蔑すべき輩だ」など。

あなたが怒ってその気持ちをあらわにすれば、相手とのさらなるトラブルを引き起こしかねない。相手はあなたが自分の行動を嫌っているというより、単にないものねだりをしているのだと受け取るからだ。かといって、怒りをあらわにしないのも、また問題だ。心身症の症状が次々と現れてくるかもしれない。ぐずぐずしたり、すねたりすることによって相手に仕返ししたり、自分自身や世の中に対してしっかり向き合えなくなるケースもよく見られる。

しかし、健全に困惑すれば、相手と会話に持ち込んで、悪く言う気はないことを強調しつつ、相手の行動をどう感じているかを率直に述べ、状況を建設的に変えようと努めることができる。誤りを犯しやすい人間としての相手を受け入れ、問題点を解決したいと願っていることを示し、よい関係を取り戻そう。

POINT

**相手のしたことに対して困惑し、建設的に状況を回復しようとすることこそ、健全である。**

# 37

# 罪悪感を持たない

多くの人が道徳や倫理にはずれた堕落した行動をしたら、罪悪感を感じるのが当然と信じている。だが、罪悪感とは何かを慎重に考えれば、健全な反応ではないことがわかるだろう。相対する健全な感情――建設的な後悔――とは、はっきり区別する必要がある。

罪悪感は、以下のような哲学から生まれている。「私は自分で決めたことを絶対破るべきではない」「そんなことをするのは最低で、耐えられない」「そんなことをしたら、自分は不道徳で邪悪な罪人だ」など。

このような哲学を持つことは、将来、実際に悪い行いをすることにつながる。なぜなら、あなたが本当に不道徳で邪悪な人間なら、不道徳で邪悪な行動をするしかないからだ。

罪悪を黙認するわけではない。道徳や倫理に反した行動をしたときは十分に後悔してほしいと思う。だが、それができる人は、以下のような考え方をしている。

「私は間違った行動をした。あんなことはしなければよかった。しかし、私が間違った行動をするはずがないという宇宙の法則はない」「間違った行動をしたことは不快だし、自分のしたことを反省せずにはいられない。しかし、最低で耐えられないというわけではない」「私は誤りを犯したり悪いことをしたりすることもあるが、軽蔑すべき人間だというわけではない」

建設的な後悔の根底には、こうした態度があり、自分の行動への反省をうながし、過ちから学ぶ可能性を広げてくれる。罪悪感を感じて自分を責めると、自分は悪い人間だと思うあまり、失敗から学ぼうとしなかったり、自分の行動への責任を拒否したくなったりする。

人は誤りを犯しがちな存在で、ときどき自分の倫理に反した行動をしてしまう。間違ったことをしたら、思い切り後悔し、適切なつぐないをしよう。自分のことを価値のない邪悪な罪人とののしるのだけはやめておこう。

POINT

**間違いを犯したら、後悔し、つぐなうことだ。**
**自分のことを責めてはいけない。**

38

# 自分をあわれまない

人がすねる場合、大半は、傷ついた自分をあわれんでいる。傷ついた自分をあわれむときには、不公平または不相応に扱われることに対して、以下のような考え方をしていることが多い。

「私は不公平に扱われるいわれはないから、不公平に扱われるなどということは絶対あってはならない」「私は不公平に扱われてきた。こんなことは最低だ。私が取るに足らない存在として扱われるのを放置している、この世の中は腐っている」などである。

傷ついた自分をあわれんでいる人は、建設的なコミュニケーションにかかわろうとせず、ひきこもってしまう傾向がある。あるいは、不機嫌にさわぎたてたり、ぐずぐずすねたり、「こんなことは最悪だ」というような会話に人を巻き込み、周りの人の同情やあわれみを引き出そうとする。だがそれは、自己憐憫の態度をますます強めることにしかならない。

では、自己憐憫に相対する建設的な態度とは何だろうか？　それは落胆だ。いわれのない不公平な扱いを受けて、落胆するのは健全なことである。自分をあわれまず、落胆するだけの人は、以下のように信じている。

「自分は不運な境遇にいるが、憐れみを受けるべき人間ではない」「不相応に扱われたくはないが、何もかも公正で、いつも誰もが分相応に扱われる、という宇宙の法則はない」「不公平はいやなことだが、最悪の事態というわけではない」「その状況に耐えることはできるし、正そうと努めることもできる」「世の中では悪いこともよいことも起こる。私が不公平に扱われることが他人に有利にはたらくこともある」と。

読者のほとんどは健康で、十分な知能を持ち、五体満足であることだろう。これは、障害のある人にとってみれば、不公平なことではないだろうか？　自分をあわれんでいるということは、自分に不利にはたらく不公平ばかりに目を向け、自分に有利にはたらく不公平には目をつぶり、切り捨てているということなのだ。

POINT

**自分をあわれむのはやめよう。それは、自分にとって不利なことにしか目を向けていないことなのだから。**

# 第6章

# 「ねばならない」から自由になる

# 39

# 考え方を柔軟にする

あなたの感情や行動はものごとをどう考えるかによって決まる。したがって、心が健康であるためには、それを可能にする方向性を持った考え方や態度を身につけることが大切だ。

本書では、一定の方向性を持った考え方や態度のことを、哲学と呼ぶ。心の健康をもたらす哲学は本質的に柔軟である。心を健康にする柔軟な哲学とはどのようなもので、心を健康にせず柔軟性もない哲学とどう違うのだろうか？　私がいつもカウンセリングで使っている感情の基本モデルを紹介するのが、一番の答えになるだろう。

まず、あなたは「つねに最低1500円は持っていることが望ましい」と考えているとする。「必ず持っていなければならない」ではなく、ただ「望ましい」と思っている。そう思いながらポケットか財布にいくらあるかを調べると、1400円しかない。あなたはどう感じるだろうか？　心配になったり、がっかりしたりするだろう。この場合のいやな気持ち——否定的感情は、健全である。直面している不快な状況に適応し、可能であれば状況を変えようと、建設的な手段をとることをうながすからだ。
今度は、「いつも絶対に最低1500円は持っていなければならない」と決めつけている、とする。1500円は絶対必要条件だ。このような哲学を持ちながら、1400円しかないと知ったとき、あなたはどう感じるだろうか？

先ほどとは違った否定的感情を持つはずだ。それは不健全なものである。あなたは不安になり、パニックに陥り、がっくりと肩を落とす。これでは状況に適応し、状況を変えるべく建設的な手段をとることは難しいだろう。

注目すべきは、どちらのモデルでも遭遇したできごとは同じ、つまりポケットに1400円しかないという事態であることだ。ただ、根底にある哲学に違いがあったために（前者は柔軟、後者は柔軟ではない）、生じた否定的感情が、まったく違ったものになった（前者は健全、後者は不健全）。

POINT

**同じできごとを体験しても、あなたの持つ考え方の違いによって、感じられる感情は異なったものになる。**

# 40

## 柔軟な態度をつらぬく

もう一度、「ポケットにはつねに最低1500円が絶対になくてはならず、なければ大変なことになる」と自分が決めつけているところを想像してほしい。

すがるような思いでポケットを探ると、さっきは見つからなかった200円が出てきた。あなたはどう感じるだろう？　おそらくホッとするはずだ。最低限の金額より多く持っていることがわかったのだから。

しかし、なおも「絶対にいつも最低1500円は持っていなくてはならない。ないと大変なことになる」と思い続けていると、再びあなたを不安とパニックへと導く一つの考えが浮かぶ。あなたはこんな流れで考え始めるのだ。

「もし200円をなくしたら？　もし200円を使わなくちゃならなくなったら？もし誰かに盗られたら？」

最低限の金額より多くお金を持っているにもかかわらず、あなたは再び不安とパニックに襲われる。

人は、金持ちだろうが貧乏だろうが、男だろうが女だろうが、若者だろうが老人だろうが、何かを手に入れなければならないと思い込んでいると、それが得られないとき、とり乱してしまう。たとえ持っていたとしても、いつ失うかわからないので不安になる。

しかし、ひとりよがりではない柔軟な態度をしっかりと（かたくなにではなく！）つらぬいていれば、ほしいものが手に入らないとき、いやな気持ちにはなっても、その否定的感情によって状況に適応したり、状況を変えようとする建設的な行動を起こしたりすることができるのだ。

POINT

**ひとりよがりではない柔軟な態度をしっかりとつらぬこう。**

# 41

# 柔軟な願望を持つ

人は、複雑に入り組んださまざまな願望にしたがって生きている。それが何であれ、誰にでもその人なりの願望がある。

その願望が一定の範囲を越えなければ、その人の願望や欲求は、社会との関連において健全だと言える。あなたの願望が本質的に柔軟で、ないものねだりでなければ、ほしいものが得られなくても心の健康を保つことができる。そして、願望が柔軟であれば、人生の変えられるところは変え、変えられないところには建設的に適応しやすくなり、その過程で感情的に不安定になることもない。願望を達成しようと建設的に行動することも可能になる。したがって、柔軟な願望から成る哲学は、幸福への努力につながる。

しかし、あなたの願望が、絶対満たされるべきもの、「ねばならない」「かくあるべき」に変わってしまうと、二つのことが起こる。

第一に、絶対に手に入れたいと望んだものが得られなかったとき、また、たとえすでにそれを持っていたときも、とり乱しやすくなる。

第二に、ほしいものを手にするチャンスを減らす方向に行動してしまう。不安はたいていひとりよがりな「ねばならない」から生まれ、建設的な行動をとりにくくする。頭のないニワトリが必死になってやみくもに自分の頭を探し回るように、右往左往することしかできなくなる。

しかし、不安などの混乱した感情の根底にある、こうした柔軟性のない哲学から自由になることができれば、否定的感情は心配、悲しみなどの健全なものになる。

このような健全な否定的感情は、自分が置かれた状況の現実を認めることを可能にするだけでなく、変えうるものであるなら状況をどう変えるかを、一歩引いて建設的に考えることをうながしてくれるのだ。

POINT

**不安は不健全な感情。悲しみや心配は健全な感情。現状を認め、建設的な行動につながるから。**

# 42

## ないものねだりをしない

　願望は人それぞれ違うものだし、あなたはこういう願望を持つべき、などと言うつもりはない。愛されたい、人に受け入れられたいと願う人もいれば、名をなして高い地位につきたいと望む人もいる。何でも自分の思い通りにしたい、あるいは、社会が公平であってほしいと望む人もいるかもしれない。

　こうした願望はみな、後ろに「しかし」がつく限り健全である。つまり、愛されたいと望む人は、「私は大切に思う相手から愛されたい。しかし、愛されなくてはならないという絶対的な決まりはない」と考えればいい。公正さを望むなら、「社会には公正であることを望みたい。私はその実現のために努力する。しかし、社会は公正さを原則としなければならないという絶対的な決まりはない」と考えればいい。

　願望からこの「しかし」がなくなると、柔軟さが失われ、ないものねだりで融通のきかない「ねばならない」になる。この柔軟性のない哲学こそ、感情的混乱の根底にあるもので、手に入れなければならないと思い込んでいるものをすでに持っているときでさえ、あなたの感情を不安定にするものだ。
心の健康を保ちたいのなら、まず、自分の願望は何なのかを理解しよう。そして、その願望を達成すべく、それを阻んでいる状況から脱却しようと努めるといい。その一方で、その願望が、ないものねだりに変わりそうになったら、くい止めることを忘れてはならない。それを放っておくと、心の健康は失われるばかりだ。

POINT

**願望を達成すべく努めよう。**
**ただし、「ないものねだり」に変わらないように。**

# 43

## 「ねばならない」から自由になる

柔軟性のない哲学が本質的に不合理である理由は、主として三つある。

第一に、ほしいものを手に入れなければならないと考えているかぎり、基本モデル「1500円の例」が示すように、精神的にも行動的にも悪い結果しか得られないからだ。

第二に、柔軟性のない「ねばならない」は、現実に合っていないからだ。ほしいものは必ず手に入れなければならないという宇宙の法則が本当にあるなら、世の中はその法則にしたがって動き、あなたのほしいものが何であれ、それを与えてくれるだろう。だが、そんな法則がないのは明らかであり、現実の世の中のあり方に則しておらず、不合理なのである。

第三に、「ねばならない」は、健全な願望から生まれるものではないからだ。自分にこう聞いてみよう。「たった今、10万円がふところに転がり込んできたらうれしいか？」おそらくあなたは「はい」と答えるだろう。しかし、10万円がふところに転がり込んできてほしいからといって、絶対に転がり込んでこなければならないということになるだろうか？　もちろん、ならない。「ねばならない」は、論理上、健全な願望からは生まれてこない。
したがって、すべての「ねばならない」は不合理なのだ。

POINT

**健全な願望からは「ねばならない」は生まれない。**
**あなたが「ねばならない」と思ったとしてもそれはかなえられない。**

第7章

# 批判的、創造的に考える

# 44

# 科学的に考える

心が健康な人は、批判的に考える力を持っている。広告や専門家の主張にも惑わされることがない。相手の言うことを慎重に聞き、相手の真意を考え、自分なりの判断を下すのだ。

批判的に考えることのほとんどは、科学的に考えることだと言ってもよい。科学的に考えることができれば、ものごとを健全に疑うことができる。

科学的に考えるときには、まず仮説を立て、それを支持する証拠と否定する証拠を探すことにより、それが正しいかどうか確かめる。このためにはある程度の客観性が必要だ。逆説に聞こえるかもしれないが、科学者の多くはよき科学的思考者ではない。自分が信じる仮説を支持する結果を出すことに、肩入れしてしまうからである。自分の仮説が正しいことを無理に証明しようとしないことだ。

たとえば、「あなたは重い病気ですが、命に別状ありません。ですが、その病気に効く薬はないのです」と医師に宣告されたとする。その2週間後、ある自称専門家がその病気の症状を軽減する治療薬を開発した、という記事が新聞に出た。

この状況を科学的に考えるのにまず大切なのは、宣伝されている治療薬の成分やその専門家が持つ資格について、情報を集めることだろう。できる限りの情報を集めたら、その分野の確かな情報筋と認められている人にその情報を見せる。その人の言うことを何か思惑がないかに注意してよく聞く。というのは、医学的権威の立派な先生方は、とかく民間療法的なものを頭ごなしに否定することもあるからだ。

その上で、集めた情報すべてを分析し、判断を下す。薬を飲むことに決めたら、まず一定期間試し、症状への影響を書き留める。それから、薬をやめ、やめたことによる影響を書き留める。そこで再び薬を飲み始め、その結果、症状の変化があれば何でも慎重に書き留めておく。このように科学的に検討した結果、実際に効果が認められれば、この方法を続けていこう。

POINT

**系統だった科学的手段で問題に取り組めば、自分の意思で判断を下すことができる。**

# 45

## 過去に与えられた教訓を書き出してみる

親や先生が、世の中のものごとについて、きわめて否定的で、信じれば自滅的なことを教えることがある。これが有害な教訓である。

あなたは親から次のような言葉を聞かされて育っていないだろうか。

「おまえはおとうさんそっくりの役立たずだね」

「他人を信じちゃいけない。頼りになるのは家族だけ。他人はみんな、こっちの弱みにつけこもうと思ってるんだから」

「男はみんなオオカミ」

「女なんておまえをひっかけてしぼりあげようと思ってるだけだ」

まだ自分で考える力をしっかりと身につけていない多感な時期に、このような有害な教訓にくり返しさらされていれば、たとえそれが何の裏づけもない考え方でも、信じるようになって不思議はない。

そういう考え方を信じるようになれば、ものごとの感じ方や行動の仕方に確実に影響する。女はみなあなたをひっかけようとしていると信じるようになれば、ひとりの女性と長く交際することを避け、短期間の交際しかできなくなる。また、家族以外の人があなたにつけこもうと狙っていると信じるようになれば、自分の考えや感情を他人にあまり打ち明けなくなる。

「親や先生から、世の中のものごとについて、どんな教訓を得ただろうか?」とじっくり考えてみよう。どのようなことを教わったか、それを教えたのは誰か、紙に書き出してみるのだ。具体的に書くほど、これらの教訓を客観的に見直しやすい。

POINT

**親や先生から与えられた世の中に対する教訓は、応々にして否定的で自滅的な見方である。**

# 46

# 有害な教訓を批判的に見直す

さて、前ページで書き出した教訓を、以下のことを心に留めた上で見直してみよう。

まず、「みな」「すべて」などという語を含む言い回しは、ほぼ間違いなく、十分な裏づけのない乱暴な結論である。たとえば、一部の男がオオカミだからといって、「男はみんなオオカミ」という教訓が正しいとは限らない。

次に、それらの教訓を与えた人自身が過去に親や先生から教えられたことではないかと考えてみよう。教訓は、世代から世代へと無批判にそのまま受け継がれるためである。

さらに、これらの教訓を裏づける証拠に出会うこともありうると、つねに心に留めておくことだ。そうしていれば、家族以外の人とつき合っていて、実際につけこまれそうになっても、それをうまく察知できる。しかし、他人が自分につけこもうとしたという証拠が見つかったからといって、その有害な教訓が正しいということにはならない。

いったん教訓を無批判に受け入れてしまうと、知らず知らずのうちにこれらの見方を裏づけるような体験を求めがちになる。人間は、慣れないものより慣れているもののほうが好きだからだ。

たとえば、信頼できそうな人に出会ったとする。「家族以外の人間は信用すべきでない」というのがあなたの基本姿勢だとすると、その人を知れば知るほど、状況は不慣れなものになっていく。

有害ではあるが慣れ親しんだ教訓を捨て、「親の言葉は間違いで、家族以外の人も信頼できるんだ」と悟るか。それとも、親の教訓を信じ続け、その相手から信用できない面を本当に引き出してしまうか。

どちらを選ぶか迫られ、後者を選んでしまうこともある。あなたは知らず知らずのうちに、自分の予言を成就するために相手を利用してしまう。「やっぱり家族以外の人間は信用できないんだ」と結論づける前に、自分がその場でどうふるまったかをよく考え直してみよう。

POINT

**教訓とそれにかかわる自分の経験を批判的に振り返ってみよう。**

# 47 ゆがんだ考え方を知る

考え方のゆがみは、不合理な哲学の影響で生まれ、心の健康をむしばむ。どのようなものがあるのか見てみよう。

**白か黒か**……ものごとをたった二つの分類にはめこもうとする考え方。白か黒かで、灰色の部分がまったくない。たとえば、「完璧にうまくできなければ、みじめな敗北」と考えること。

**根拠のない結論を性急に下す**……ものごとから何の根拠もない否定的な結論を導き出す考え方。裏づけるデータもなしに、他人が何を考えているか知っているつもりになったり、未来を決めつけたりすること。たとえば、「午後の入社面接ではきっと失敗する」と決めつける。

**悪い面だけを見て、よい面を見ない**……どんな体験をしても悪い面だけ見て、よいところはまったく見ない考え方。たとえば、提出した作文を先生が返してくれるときに、とてもいいとほめてくれたあと、二、三ヶ所、変えたほうがいいと指摘したとする。

そんなとき、このゆがみを通してものを見ていると、ほめられたというよい面には目もくれず、「先生は私を傷つけまいとしてああおっしゃっただけだ」と自分に言い聞かせ、もっぱら悪い面だけを見て、落ち込む。

**自分の感情や考えを証拠にする**……私がこう感じる、こう思う、ということが確固たる証拠だという考え方。たとえば、「私は自分が失敗者だと思う。それこそが、私が失敗者である証拠だ」と決めつける。このような考え方をする人は、自分の感情や考えが現実を正確にとらえていると思い、感じたことや考えたことを批判的に検討しない。

**何でも自分のことだと考える**……何でも自分のこととして考え、自分がその場の中心にいる、あるいは、自分がその場に責任があると決めつける考え方。たとえば、人の笑いを自分への嘲笑と考える。また、本当は他人に責任があるのに、自分で責任を背負い込む。

POINT

**あなたも考え方のゆがみを持っているかもしれない。もう一度、自分自身で見直してみよう。**

# 48

## 考え方のゆがみを正す

考え方からゆがみを取り除くためには、第一に、考えの中にある不健全で不合理な考え方を退けておきたい。ゆがみを客観的に見きわめる心の準備をするためである。

第二に、ゆがみを正しく自覚する必要がある。前ページで述べたそれぞれのゆがみをよく知り、自分の考え方がゆがんでいないかどうか見きわめる。

第三に、考え方にゆがみがあることがわかったら、そのゆがんだ考え方を支持する証拠と否定する証拠を両方探してみよう。このとき、必ず両方を探すことが大切だ。支持する証拠だけを探せば、たいてい一つや二つは見つかってしまう。しかし、否定する証拠も探せば、それを上回る数が出てくるものだ。

第四は、「この状況に対して他にどんな見方ができるだろう?」と考えてみよう。まず、思いつくままにすべて書き出してみる。次に、第三者ならばこの状況をどう見るか、考えてみる。あなたの最初の考えと同じだろうか、それとも、あとから考えた別の見方に近いだろうか?

第五に、新たに考えた別の見方それぞれについて、それを支持する証拠と否定する証拠を探してみる。

最後に、ここまでの五段階すべてをよく見直し、一歩引いた上で、もっとも正しいと思われる考え方を選ぼう。現実をぴたりと正確にとらえることはめったにできないとしても、支持する証拠がもっとも多い考え方を、もっとも真実に近いものとして選ぶことができるはずだ。

POINT

**あなたはゆがんだ考え方をしていないか？**
**一歩引いて客観的にとらえ直してみよう。**

# 49

# 問題解決を実行する

日常生活の中で、行動面、感情面、双方の問題を解決するのに、広範囲に役立つ問題解決法を紹介しよう。この問題解決法は、自分の問題に積極的に責任を持ち、それに対処する方法を身につけることを目的としている。新しくよりよい解決案を見つけるのに役立つだろう。

問題解決の手順には以下の9段階がある。

①問題を明確にとらえ、できるだけ曖昧なところをなくす。
②短期目標と長期目標を分けて具体的に設定する。
③問題を解決するために考えうる方法を、すべて思いつくままに書き出す。
④それぞれの方法について長所と短所を書き出す。
⑤書き出した方法の中からもっともよいものを選ぶ。
⑥選んだ方法をどのように実行するか計画を立て、そのためにとるべき手順を決め

る。この時点で、具体的な手順を段階的に書いていくと、あとでとても役立つ。
⑦選んだ方法を実行すると誓う。いつ、どこで、どのように実行するかも具体化する。
⑧実行したあと、目標に対してどこまで近づけたかを落ちついて見直してみる。この時点で、目的達成のために今後はどんな手順が必要か判断する。
⑨選んだ方法の成果を評価し、さらなる問題解決が必要かどうか判断する。

以上の問題解決の手順を実行する場合は、あらかじめ、その問題に対して持っている不健全な考え方をすべて捨て去っておくのが望ましい。問題解決のためにはものごとを明晰に見ることが欠かせないが、考え方に不健全なゆがみがあるとそれが難しいからである。

POINT

**本当に問題を解決したいなら、まず、あなたの持つ考えのゆがみを正そう。**

50

# 優柔不断にならない

多くの人は決断を下すことの難しさを知っているはずだ。だが、情報不足により決断が難しい状況と、優柔不断であることとは、しっかり区別したほうがよい。優柔不断の根底には、次のような不健全な考え方がある。

**正しいという確信がなければ、決断を下してはならない**……正しいかどうかは決断する時点ではわからない。ただ、必要な情報を集め、決断を下し、結果的に正しかったかどうかをあとで評価することができるだけである。さらに言えば、決断の結果に限らず、確信を持てる確かなものなど何もない。

**決断するときに迷いがあってはならない**……片方にはメリットばかり、もう片方にはデメリットばかりといった迷いようのないものはさておき、多くの決断では、それぞれにメリットもデメリットもあるいくつもの道の中から、一つを選ぶことを強いられる。そのように、決断を下すときには、迷いをふり切るためのある程度の心地悪さはつきものである。一方の道を選べば、もう一方の道の持つメリットは捨てるしかないからだ。

**正しい決断をしなければならない**……さもないと、自分は無能で役立たずだと証明することになる。たとえあなたの決断が悪い結果に出たとしても、それは決してあなたが役立たずだという証拠にはならない。決断する前に十分な時間がなかった、あるいは十分な情報が得られなかったという証拠にはなるかもしれないが。あなたがもし役立たずなら、あなたの下す決断、あなたの行うこと、すべてが役に立たないということになり、それは途方もなく乱暴な考え方だ。

POINT

**情報不足で決断が難しいのか、それとも優柔不断なだけなのか。区別することが大事だ。**

# 51

## 決断する

これまで見てきた自滅的態度をはっきり見きわめて退けたら、メリット・デメリット分析を表に書き出し、実際に判断を下してみよう。この分析表を使えば、記入していくことによって判断を下せる。

以下の6段階の手順で取り組んでいこう。ここではAとBという二つの選択肢から選ぶ場合について述べているが、二つ以上の選択肢がある場合にもこの手順は利用できる。

①選択肢（AとB）をそれぞれのメリット・デメリット分析表の上部にはっきりと書き記す。

②一つの選択肢（たとえば選択肢A）をとり、それを選ぶことによって得られるメリットについて、長期的なものと短期的なもの、また自分に対するものと他人に対するものを、それぞれ書き出す。

③それに対応するデメリットについて、やはり長期的・短期的、また自分に対して・他人に対して、それぞれを書き出す。
④もう一つの選択肢（選択肢B）について、同様にメリット・デメリットを記入する。
⑤1時間ばかり間をおき、気分転換ができたら、再び分析表に向かい、書いたことを見直す。それぞれの項目を読み、「すべてを考慮すると、AとBのどちらがよいだろうか？」と考えてみる。
⑥それ以上考えず、決断を下す。結果の差が小さくても、全体的に少しでも勝っているほうを選ぶ。そして選んだものを実行する誓いを立て、実行する。
その決断が誤りだったとしても、決断をあと回しにしてごまかし、煮え切らない態度を続けるよりは、たいていの場合、気分がいいはずだ。

POINT

**メリットとデメリットを分析するのは誰でもできる。その結果を今すぐ実行しよう。**

第8章

# 夢中になれることを見つけて追求する

# 52

## 夢中になれるものを持つ

自分にとって有意義で興味のあることを、夢中になって追求しているときが、人間は一番幸せなのではないだろうか。

逆に、意義があるとも思えず夢中にもなれない、決まりきった日常のありふれた行為には、すぐに飽きてやる気を失ってしまう。だから、自分にとって有意義で夢中になれる、興味のあること、取り組みたいこと、実行したいことを、たくさん見つけたいものだ。そうすれば、幸せになれるだけでなく心の健康も得られる。

前に述べたが、人間はさまざまな要素の複合体であり、ひとりひとりの特徴や態度はそれぞれこの世にたった一つしかない。興味についても同じことがいえる。だから、あなた自身が有意義だと思うことを見つけよう。あなたの大切な人の興味をひどく妨げたり、他人を傷つけたりする可能性のないものであれば、どんなに変わっていて他人の目にはばかばかしく見えるものであっても、前向きに追求していこう。

人間はしばしば、他人の興味を受け入れまいとする。そのため、オペラに夢中な人はつい、鉄道マニアを見て、「ばかばかしい」と思ってしまう。鉄道マニアのほうも、オペラ狂を同様に見ていることは疑いもない。

だから、本気で興味を追求するには、人目に触れた場合にそなえて、そこそこ面の皮を厚くしておいたほうがいい。さもないと、変な趣味の人だという目で見られたとき、恥ずかしさのあまり興味を前向きに追求しようという気持ちがなえてしまったり、興味を追求しながらも心の底に恥ずかしいという思いを持ち続けることになってしまう。

POINT

**自分が有意義だと思うことを見つけ、前向きに追求しよう。幸せを感じられるだろう。**

53

# 恥ずかしさを克服する

恥ずかしさも、不合理な哲学から生まれている。他人にどう見られるかを気にする哲学である。鉄道マニアを例にとってみよう。他人に自分の趣味をばかにされたとき恥ずかしく感じるとしたら、その人はこんなふうに考えている。

**みんな、私の鉄道好きを変な趣味だと思っている**……これは十分にありうることだ。みんなというわけではなくても、一部にはそう考える人が必ずいる。

**みんなは私のことを、変な趣味を持つ変人だと思っている**……変な趣味を持っているから変人だ、とおろかにも決めつける人が一部にいるのは確かだが、ほとんどの人はそのようなことはしない。だから、自分がこのように考えていることに気づいたら、この考え方のゆがみを正そう。

**みんなが私を変人で恥ずかしい人間だと思っている。きっと私はそういう人間なのだ**……この考えこそ、恥ずかしさの大本となるものである。たとえ最初の二つのように考えても、次の段階で自分を受け入れれば、恥ずかしいとは感じないはずだからだ。

このような考え方をしてしまう人には、心の底の恥ずかしさを生みだす哲学を見きわめて退けやすくするために、一時的に最初の二つの推測を真実として受け入れるよう勧めている。

三番目のような考え方をしてしまう人は、どうやって恥ずかしさを克服すればよいだろうか？　まず、「みんなが私を変人で恥ずかしい人間だと思ったからといって、どうして私が本当に恥ずかしい人間だということになるのだろうか？」と自分に問いかけてみよう。その問いには、こう答えることができるはずだ。

「たとえみんながそのようにばかげた見方をしても、私は決して自分を恥ずかしい人間だとは思わない。なぜなら、一つのレッテルで表現するには、人はあまりにも複雑な存在だからだ。確かに私は一部の人が変だと思う趣味を持っている。一部の人に変だと思われるのは残念だが、それを変えることはできないのだから、現実を受け入れ、自分の興味を追求したほうがいい」と。

**POINT**

**あなたの趣味を変だと言う人がいても、自分自身を恥ずかしく思う必要はない。**

# 54

# 実際に行動する

人間は、受身で何かをやっているときより、夢中になれることを前向きにやっているときのほうが幸せである。だから、自分が有意義と感じ、夢中になれることを見つけ、それに没頭するのは大切なことだ。

そのためには、欲求不満忍耐度を高くする必要がある。夢中になれるような興味は、人を元気づけ、楽しませてくれるので、欲求不満忍耐度の低さが問題になることはあまりないと思うかもしれない。

しかし、興味を追求するにも、退屈で厄介な部分があるのは確かであり、欲求不満忍耐度の低い人は、そこから先に進めなくなる。そこで、欲求不満忍耐度の低さを示す次のような考え方をしていないか、確かめる必要がある。

**今日やるのは面倒だから、明日やろう**……興味を追求する過程には、面倒がたくさんあることもあるが、多くの場合そうではない。それなのに、追求の過程全体を一つの面倒ととらえ、そこから飛躍した結論を下している。根底には、人生は今以上に大変になるべきではないというないものねだりの要求がある。

この哲学に立ち向かうには、心の中だけでなく、実際の行動でそれを否定する必要がある。そうすれば、「興味の追求に伴う退屈な仕事は、面倒な部分もあるが、やる価値が十分にある」と行動によって実際に自分に示すことができる。ぐずぐずするのはごまかしに過ぎない。明日になったらさほど面倒でなくなるなどということは、まずないからである。

**やる気が出るまで待とう**……どんなに夢中になれる興味でも、退屈な部分に取り組む気になるまで待つとしたら、本当に長い間待つことになるだろう。気乗りしなくてもいったん始めてしまえば、退屈さはあまり感じなくなる。

逆に、やる気になるまで待とうと思うと、とかく退屈さを大きく見積もってしまう。また、思い切って始めてしまえば、いつの間にかやる気のなさは消え、思いのほか早く仕事に打ち込んでいるものだ。

POINT

**始めてしまえばいつの間にかやる気は出てくるものだ。今すぐ始めよう。**

# 55

# のめり込みすぎない

興味を追求するのは大切なことだが、熱狂的になりすぎたり、ひとりよがりになったりすることは望ましくない。中毒状態になって、他の興味や仕事、人間関係を犠牲にし、かたくなに一直線につき進めば、何もかもだめになる。

目に入るのは、ただ自分の興味だけ。熱狂的すぎる追求の根底には、「この趣味には特別に魅力を感じるので、何としても追求するべきだ」、あるいは、「もし、この趣味が奪われてしまったら最悪だ。そう長くは離れてはいられないだろう。そんなことには耐えられない」など多くの不合理な考え方がある。

また、特にその趣味が得意な人は、それをやっている間、自分がいつもより価値ある人間になったような錯覚にとらわれる。だから、興味を持っていることに熱狂しすぎ（熱中するのではなく）、それによって問題が生じるようならどのような不合理な考え方が根底にあるか探してみることである。

興味に熱狂的にのめり込むのは、生活に問題があるからとも考えられる。これと決めたことにまっしぐらにつき進むことで、他の問題を隠そうとすることがあるからだ。

数年前、ある女友だちが、子どもができたときの悲しい話をしてくれた。子どもが生まれる前、彼女と夫は仲むつまじい夫婦だった。夫は鉄道マニアだったが、それは夫婦関係の妨げにはならなかった。しかし、子どもが生まれると、彼の鉄道への興味は目立って強くなり、暇さえあれば、まだ見ぬナンバーの機関車を求めて操車場に向かうようになった。

彼は赤ん坊にひどく嫉妬し、妻の愛情を失ったように感じていた。しかし、問題に向き合って、妻と一緒に乗り越えようとはせず、逆に、脇に押しやって鉄道に熱狂的に入れ込むことで、それを紛らわそうとしたのだ。

興味を追求したいという気持ちが自分の手に負えなくなり、ひとりよがりになっているかもしれないと感じたら、自分は何かの問題をごまかそうとしているのではないかと自問してみたほうがいい。

POINT

**人は、他の問題を隠すために、自分の興味があることにのめり込むことがある。**

# 56

## 真剣に試してみる

今のところ熱中できる興味を持っていない、あるいは、興味がだんだんうすれてきたという場合には、どうすればいいだろうか？

何か試してみよう、という一言につきる。未知の興味を求めてあれこれ試すのは、もちろんリスクを伴う。やってはみたものの、結局、興味を持ち続けられず、時間を無駄にしただけだったということも十分ありうる。

だが、先々本当に楽しめるものを選ぼうと思ったら、それはやむをえないことだ。あなたは未来の見える水晶玉を持っているわけではないのだから、その趣味に時間と努力と労力に見合う価値があるかどうかなど実際に試してみなければわからない。

もちろん、候補となる趣味の情報をたくさん集め、それをやっている自分を想像するだけで正しく判断できることもあり、時間が節約できることもある。しかし、楽しめそうもないと思っていたのに、やってみたら楽しくて驚いたという経験を持つ人もたくさんいる。だから、一見楽しくなさそうなことでも、やってみるのは決して無駄ではない。

楽しめるかどうか判別するのに、どれくらい時間をかければいいのだろうか？　場合によっては、始めたときから答えがわかることもあるだろう。しかし、そうでないときは、もう少し時間が必要になる。時間をかけるほどよさがわかる趣味もある。ここは柔軟に、野球のルールでやってみたらどうだろう。

野球では、3ストライクでバッターはアウトになる。そのように、一つのことを真剣に三回試してみて、少しも楽しみが感じられないようなら、向いていないと判断するのである。しかし、心してほしい。その三回は必ず真剣な三回だ。身の入らない状態で何をやっても、夢中になれるかどうか、判断する材料にはならない。

POINT

**興味が持てるかどうか試したいなら必ず三回は真剣に試してみよう。**

## 第9章

# 人間関係を充実させる

# 57

# 他人を受け入れる

よい人間関係が心の健康におよぼす効果は大きい。多くの研究がはっきりそう示している。確かに、心が健康でありながら、表面的なつき合いしかしない、また、実際に人を避けて暮らすような人は想像しにくい。心の健康を望むなら、人間関係を充実させることが大切である。

人間関係を充実させる基盤の中心となるのは、他人を受け入れる哲学である。つまり、「自分との関係において相手は絶対にこうあるべきだ」というないものねだりを捨てることだ。

また、他人によって自分の願望がくじかれることもあるが、それは不幸なことではあっても最悪の事態ではないと知ることだ。そのためには、他人との衝突にそなえて欲求不満忍耐度を上げておく必要がある。さらに、人はみな誤りを犯しがちで、長所も短所も併せ持った複雑な存在だという目で、他人を見る必要もある。

そのようなおおらかな目で他人を見ることができれば、他人が自分と違っていても許せるようになる。カップルをカウンセリングした経験から言わせてもらえば、この寛容さは、結婚が成功するかどうかを占う重要な要素だ。

重要な問題についての意見や、興味、好みがパートナーと違っていて、そのことが受け入れられないと、「私のパートナーがこれではいけない」とないものねだりをしがちである。このような態度は、パートナーとの衝突を生みだしやすい。

大切なのは、他人があなたと違うのは避けられないということに、より寛容になることである。自分のユニークさをたたえることができれば、パートナーのユニークさをたたえる気持ちにもなれるだろう。パートナーのユニークさをたたえることは、パートナーを尊重する気持ちを持つために大切なことであり、さらに、相手を尊重するそのような気持ちをパートナーだけでなく他の人との関わりにも応用していけば、あらゆる人の関係を深めていく上でとても役に立つことだろう。

POINT

**他人があなたと違っていることに寛容になろう。**

# 58

## 他人を信頼する

信頼することとは、今日の多くの人にとってきわめて難しい問題である。私は信頼を「この人は手ひどく私の弱みにつけ込むようなまねはしないだろうと信じる感覚」と定義している。

しかし、人間は誤りを犯しがちな存在であり、それぞれに問題や弱点を抱えていることも考えると、相手がつけ込んでくる可能性がないとは言い切れない。

私の経験では、他人を信頼することに問題を抱えている人は、大きく二つのタイプに分けられる。

一つのタイプは、不用意に他人を信じる人。「自分が出会う相手は、自分を傷つけたり、つけ込んできたりはしない」と無条件に信じ込んでしまう。信頼できる人とそうでない人を見分けようとしないので、結果的によくつけ込まれる。人はみな親身になって自分を助けようとしてくれるものと、単純に信じ込む。そのような人は、お人よしをやめ、信頼できる人（絶対にという意味ではない）とそうでない人を見分ける目を、経験によって養うことが大切だ。

もう一つのタイプは――こちらのほうがはるかに多いようだが、ひどく他人を疑い、なかなか信じることができない人である。そのような人はよく、「傷つけられるのがいやで、他人と親しくなれない」と言う。

だが、そこには二つの不合理な考え方がある。一つは、「傷つけられないという保証がなければ、人を信じることはできない」という考え方。もう一つは、「もし傷つけられたら、どうしようもなく最悪だ」という考え方である。

傷つけられる危険にさらされるくらいなら、他人と表面的な関係しか持たずにいるほうがずっといいと判断しているわけだ。表面的な関係は、親密な関係に比べて、傷つけられる怖れは少ないものの、満足感ももたらさない。したがって、このような人は、安心だが満足感がない、さりとて親しくなるのも怖い、というジレンマに陥る。

POINT

**他人を信じすぎるのも、また信じすぎないのも問題である。**

# 59

## 他人を健全に信じる

他人を健全に信じるために、まず「傷つけられない保証がほしい」という考え方を退けよう。世の中には確実なものなどはない。裏切られたり傷つけられたりすることを確実に免れる保証も同様にありえないのだ。たとえ誰かがあなたを傷つけないとはっきり約束したとしても、そのような言葉は保証にはならない。相手は問題、弱さ、欠点を抱えた人間なのであり、そのような要素はあなたを傷つける行動につながることもあるからだ。

「自分は傷つけられたり、裏切られたりするべきではない。もしそうなったら最悪だ」という考え方も、疑ってみる必要がある。

傷つけられたり裏切られたりするのは実に不愉快なことで、誰も好んで体験しようとは思わないだろうし、できる限り避けたいはずだ。しかし、いったん他人とつき合えば、往々にしてそのようなことは起こりうるのだ。

傷つけられたり裏切られたりすることを最悪化する態度を捨て、「こんなことは起こるべきではない」というないものねだりをやめなければ、よりよい信頼関係を結ぶことはできない。

他人を健全に信頼すれば、自分が受けた傷や裏切りを、正しく評価しやすくなる。

たとえば、お互いに忠実な夫婦でありたいと思っていたのに、相手が不実をはたらいたとする。この関係は終わりだと結論するか、相手にチャンスを与え、もう一度裏切ったら終わりということにするか。

あなたが単純で信じやすければ、相手の悪い癖に寛容になりすぎ、裏切られ続ける。逆に、信じるということ自体に疑いを持っていれば、関係を終わりにするだけではすまず、もう二度と誰とも交際しないと決めてしまうかもしれない。

他人を健全に信頼していれば、信頼できる人と、距離をおいたほうがいい人を判別するために、しかるべき注意や配慮ができる。そのときに重要なのは、柔軟であることと、そして、経験を信じることである。

POINT

**信頼できる人を得るためには**
**柔軟な考え方をすること、そして、自分の経験を信じること。**

# 60

# 肯定的な感情を伝える

思いやりのあるコミュニケーションのためには、肯定的な感情（好意、賞賛など）も否定的な感情（苦情、改善要求など）も、ともに相手に伝える必要がある。

自己主張するための教科書は巷にたくさんある。こういった本は、否定的な感情をいかにうまく伝えるか、自分の権利をいかに守るかを主に扱っていて、肯定的な感情を伝えることにはあまり注意を払っていない。しかし、他人と健全な関係を築こうと思ったら、否定的な感情より、むしろ肯定的な感情を伝えることを重視したいものだ。

他人とよい関係を築きたければ、相手自身と相手の行為に対し、自分がどんなに好意を持っているかを伝えることが大切だ。もちろん、長所も短所もあわせ持つ、誤りを犯しがちな存在として相手を受け入れた上で、そうするのだ。

思い通りに動いてくれれば好き、そうでなければ嫌い、などと考えてはいけない。

たとえば、こんなふうに声をかけてみよう。「この間はありがとう」「そういう言い方はいいですね」「本当にいい仕事をしましたね」「あなたの一生懸命な姿勢、すばらしいと思います」

デール・カーネギーが、その著書『人を動かす』（創元社）で述べている通り、相手に対する肯定的な言葉は、本心からのものであることがきわめて重要だ。

口だけでほめても、遅かれ早かれ相手は気づき、何らかの形であなたに返ってくる。だから、肯定的な感情は、本当に感じたときだけ伝えればいい。ついあら探しばかりしてしまう人も、他人の行動の中でよいと思えるところを探す練習ぐらいはできるはずだ。

いったんよいところが見つかったら、相手にそれを伝えるのをためらってはいけない。肯定的な言葉を受け取る体験は、照れくさいかもしれないが、うれしく、忘れられないものだ。その一言であなたへの好意が増すこともありうるのだ。

POINT

**好意や賞賛を伝えるのをためらわないこと。**

# 61

# 否定的な感情をうまく伝える

否定的な感情（苦情や改善の要求など）を相手に伝えたいとき、健全に自己主張し、交渉する方法を紹介しよう。この方法によって相手との衝突を小さく抑えることができるし、健全な妥協や和解への足がかりにもなる。人間関係を維持するには、妥協も大切だ。妥協の目的は、交流を続けることによってお互い得るところがあると確認し合うことだ。これができないと、関係を続けても、つねに根底で怒りがくすぶっていることになり、お互いの心の健康にもよくない。

**相手にちゃんと聞いてもらう**……まず、相手がよく聞いているか確認しよう。

**相手の行動でいやなところを客観的に指摘する**……できる限り客観的に話すことが大切だ。推測でものを言ったり、相手の人格を非難したりしてはいけない。

**健全な否定的感情を伝える**……不健全（怒り）ではない、健全な否定的感情（困惑）を伝えよう。不健全な否定的感情を伝えてしまうと、相手は身構えてしまい、建設的な関係を続けていくのが難しくなる。

**自分の推測が正しいかどうか相手に確認し、相手の意見を聞く**……推測は事実ではない。相手に推測を話すときは、あくまでも推測だということを断り、的を射ているかどうか聞いてみることだ。その上で、相手の意見を聞こう。

**相手の意見を聞き、それに対する自分の意見を言う**……相手に意見を求めたら、さえぎることなく話を聞き、相手を尊重していることを態度で示そう。

**自分の希望をはっきりと具体的に言う**……このとき、望むものが必ず得られるわけではないことは、肝に銘じておこう。

**相手の承諾を求める**……自分の希望を伝えたら、それに対する意見を聞き、さらに具体的に、こちらが望んだ通りにすることを承諾してくれるように頼んでみよう。承諾してくれないようなら、さらに交渉を続ける必要がある。

**将来の予防線を張っておく**……最後に、将来、似たようなできごとが起ることにそなえ、相手に心しておいてほしいことを言っておこう。

POINT

**相手の言うことも尊重し、**
**その上で言うべきことははっきり言おう。**

# 62

# 約束は必ず守る

信用できる人間であることを身をもって示すには、約束を守ることだ。これは人間関係において大切なことだと私は思っているが、悲しいことに、人間関係を扱う心理学の教科書ではたびたび無視されている。

約束を守るということは、他にどんな魅力的な選択肢がひょっこり出てきても、実行すると言ったことは実行することを大切にすることだ。ここは、欲求不満忍耐度を高める訓練が必要なところである。

たとえば、ジョンはメアリーに、1週間のうちに芝居に連れていくと約束していた。ところが、そこへもっと魅力的な会合の誘いが来たら、どう対応すればいいだろうか？

ジョンはこう自分に言い聞かせる必要がある。

「メアリーを芝居に連れていくと約束したんだから、そうしよう。会合に出たほうが楽しいだろうけど。でも、メアリーをがっかりさせたら、これから彼女とうまくいかなくなる。そうはしたくない。だから、この会合はがまんして、メアリーとの関係のためによろこんで約束を果たそう」

相手に信頼されるためには、自分が約束を大切にし、ふとした気まぐれで約束を破ったりしない、当てにできる人間だと示す必要がある。つまり、誰かにある時間に電話すると言ったら、その時間に電話をしなければならない。そのために何か楽しいことを中断することになっても、である。

人間関係を保つには欲求不満がつきものであり、大いに楽しめそうなことを、あきらめざるをえないこともある。しかし、よい人間関係を維持したければ、それは必要なことなのだ。

POINT

**よい人間関係を維持するためには、何かをあきらめなければならないこともある。**

# 63 他人の幸せも大切にする

見識ある利己主義の哲学を持つ大切さについて前に述べ、自己中心の態度とはまったく違うものとして私は位置づけた。

前者は、自分を大切にするのが基本ではあるが、他人の、特に自分にとって大切な人の幸せも大切にする考え方。それに対して後者は、いつも自分が一番、他人の願望は重要ではなく、無視してかまわないという態度である。

人間関係を充実させたければ、自分の幸せと同様、他人の幸せも、心から尊重することが大切だ。相手の願いを敏感に感じ取り、それが自分の重要な願望とさほど衝突しないなら、それがかなうように努めよう。自分の願望とぶつかっても、相手の願望の重要度のほうが高い場合は、その願望を優先したほうがよいこともある。

他人を思いやるには、相手を気にかけ、大切に思っていることを、言葉で表すだけでなく、行動でも示すことだ。一〇〇〇のやさしい言葉より、一つの思いやりのある行動のほうがずっと雄弁である。また、他人を思いやれば、いつの間にか相手もこちらを思いやってくれるようになる。

視野を広げてみれば、社会の利益に配慮することは、ごく身近な自分にとって大切な人たちだけでなく、同じ地域に住む人たち、さらに、助けを求めている世界中の人たちに、手をさしのべることでもある。

助けを求めている人の役に立てれば、広くは世界中のできごと、身近なところでは自分の大切な人たちに、より深くかかわっているという実感を持てるはずだ。

POINT

**一〇〇〇のやさしい言葉より、一つの思いやりのある行動のほうがずっと雄弁だ。**

# 64

# お互いに助け合う

よい人間関係は、お互いが健全に依存し合ってはじめて生まれる。つまり、相手が必要としているときは、よろこんで助けるということを、互いに行うのである。

他にも、以下の三つのような依存関係があるが、これらはいずれもよい人間関係の妨げになるものだ。

**一方的な依存**……一方的に依存する人は、「自分には世の中の問題にうまく対処して生きていく技術がなく、誰かと一緒にいる必要がある」と考えている。自分の弱さゆえに自分を憎んだり不安になったりし、依存される側は息がつまりそうな閉鎖的関係にいらだつ。もし自分が一方的に依存するタイプだと思ったら、自分の依存心を受け入れた上で、その根底にある不合理な考え方を見きわめ、より健全で自立した姿勢の確立に努めよう。

**おせっかい**……依存的な人はそばにいてくれる誰かを必要とし、自分を必要としてくれる誰かを必要としている。頼りなげな人の世話を焼くことをエネルギー源としている。しかし、他人を助けることで一見強い立場を演じ、自分の弱さを隠そうとしていることも少なくない。自分のおせっかいな傾向に気づいたら、自分の弱さを受け入れ、弱さと折り合いをつける努力をしよう。

**意固地な一匹狼**……自分の問題をすべて他人に頼ることなく解決することに、自分の価値を見出す。親密なつき合いを避け、自分の弱みを見せまいとする。自分の弱さを恥じていて、もっと強くなることでその恥ずかしさを克服できると信じているからだ。対人関係は表面的で、とかく自分の殻にひきこもってしまう。

自分に意固地な一匹狼の傾向があると思ったら、自分の弱さを受け入れ、それを思い切って周囲の人に出してみよう。

相互依存的な関係は心の健康の見本のようなもので、そのような関係を結ぶことができた人は幸福である。

POINT

**よい人間関係は、互いに助け合うことで生まれる。まずあなたが相手をよろこんで助けよう。**

第10章

# この本を活用するために

本書の内容をもっと効果的に実行するための手順を紹介したいと思う。本書でこれまで見てきたことを振り返りながら、実行していってほしい。

## ◎STEP1　自分が問題を抱えていることを認め、自分を受け入れる

問題を認めなければ、それを解決することは難しい。問題を認めるときに邪魔になるのは、「問題を抱えていることは恥ずかしい」と思うことだ。このように考えている人は、「このような問題を抱えていることを認めたら、自分は無価値で、無力で、弱く役立たずな人間だと証明することになる」と思うあまり、自分の問題を否定して、他人のせいにしやすい。だから、まず、問題を抱えている自分を受け入れよう。

問題がないからよい、問題があるからだめ、と自分を見てはいけない。自分を受け入れることは、心の健康の基本の一つだ。自分に問題があることを認めれば、その問題に対する責任も受け入れることができるようになる。

## ◎STEP2　問題をはっきりさせる

まったく曖昧なまま問題を克服するのはとても難しい。実例を取り上げて、具体的に考えよう。単に「仕事がうまくいかない」というだけでなく、「仕事で実力が発揮できないことが多い。先週の取引先でのプレゼンテーションでも、うまくポイントを話せなかった。人前で話すのは苦手だ」というように考えてみよう。

## ◎STEP3　不健全ないやな気持ちを見きわめる

今、どのような不健全ないやな気持ちを感じているか、はっきり書き出してみよう。ただ「不安だ」「落ち込んでいる」とするのではなく、「人前で話すのが不安」というようにはっきり書こう。

だが、すべてのいやな気持ちが不健全なわけではないということも覚えておかなければいけない。何かを失って悲しんだり、脅威を感じて心配したり、欲求不満を感じて困惑したりするのは、健全な感情だから問題はないので、ここで取り組む必要はない。

そういった感情まで問題と見なすと、いやな気持ちになるのは、いけないことだと感じるようになる。たとえば、脅威を感じても平静でいるべきだ、何かを失っても耐えるべきだ、侮辱されても甘んじるべきだ、と信じてしまう。

だから、ここで書き出した気持ちが、不安、過度な落ち込み、傷心、罪悪感、怒り、自己憐憫など、あきらかに不健全な種類のものであることを確認しておこう。

## ◎STEP4　自分が何に対して一番いやな気持ちになるのか見きわめる

不健全ないやな気持ちを感じるとき、中でも何が一番いやなのか見きわめることは大切なことだ。一つの状況のもとでも、あなたをいやな気持ちにさせうる要素はいくつも存在する。自分が一番いやな気持ちになる、たとえば、不安を感じるのは、どんな状況のどんなことかをはっきりさせることができれば、より実際的な対処法を考えることができる。

人前で話すことに不安を感じているとする。一番の不安の原因は、どもってしまうことかもしれないし、途中で言葉が出てこなくなることかもしれない。もしかすると、聴衆に猛烈に非難されることかもしれない。焦点を絞っていき、最後に残ったものは何だろうか？　それが、あなたが新たに健全な態度でのぞむべきテーマである。

このときの答えに、明らかなゆがみが見られることがある。たとえば、「聴衆がみな席を立ち、出ていってしまうのではないかと不安だ」と考えているような場合だ。そのような事態はまずありえない。だが、それが不安ならば、この時点では一時的にその可能性を認めよう。そのほうが、ＳＴＥＰ５で不合理な考え方を見きわめやすくなる。

## ◎ＳＴＥＰ５　不合理な考え方を見きわめる

不健全ないやな気持ちは、以下四つの不合理な哲学に影響を受けている。

●ないものねだりの哲学。「人前で言葉につまるようなことがあってはならない」
●最悪化の哲学。「人前で言葉につまったりしたら、最低だ」
●欲求不満忍耐度の低い哲学。「人前で言葉につまったりしたら、耐えられない」
●自分と他人を受け入れない哲学。「人前で言葉につまったりしたら、無能だと思われる」「あいつは意地悪な質問をするから、いやなやつだ」

いやな気持ちの原因となっているものが、これらの哲学の中にあるはずである。思い当たるものを探してみよう。

## ◎STEP6　不合理な考え方を退ける

ＳＴＥＰ５で思い当たるものとして選んだ哲学を退けよう。ここでは三つの方法を使う。

第一の方法は、その哲学がどの程度現実に合っているか、考えてみることだ。たとえば、「私は成功しなくてはならない、というのは本当だろうか？」「成功しなくてはならない、という宇宙の法則があるだろうか？」と。

そのような法則はない。仮にあったとしても、必ずしも成功しなくていい。宇宙の法則に反してものごとが動くことはありえないのだから、「成功しなければならない」という法則はない。ただし、成功したいと望むのは必要なことであり、決して不健全なひとりよがりではなく、健全な態度である。

第二の方法は、その考え方の論理に疑問を投げかけることである。たとえば、「私はみんなに関心を持たれたい。だから、みんな私に関心を持つべきだ」と思っているなら、「関心を持たれたいからといって、みんな私に関心を持つべきだという論理になるだろうか？」と自分に問うてみる。

答えは「ノー」だ。私はよく、不合理な考え方をしている人に「10万円が懐に転がり込んできたら、うれしいですか？」と聞いてみる。ほとんどの人が「イエス」と答える。「では、10万円が転がり込んできてほしいということは、10万円が転がり込んでこなければならないということですか？」今度の答えは「ノー」だ。ないものねだりの要求が、健全な願望から生まれることは、論理上めったにないからである。

第三の方法は、おそらくもっとも大切なものである。不合理な考え方をし続けた結果のことを考えるのである。

たとえば、「判断するとき、結果に確信がなければならないと考えていると、その結果、どうなるだろうか？」と自分に問いかけてみる。「私は不安になり、ものごとが決められなくなる」というのが、その答えになるだろう。しかし、「判断の結果に確信を持ちたいが、必ずしも確信を持たなければならないとは限らない」と考えれば、健全に心配し、建設的に行動することができる。

## ◎STEP7　STEP4で見つかった考え方のゆがみを正す

STEP4を思い出してみよう。一番いやだと思うことのとらえ方にゆがみがあっても、一時的にそのまま受け入れてほしい、と私はお願いした。これは、いやな気持ちの原因となっている不合理な考え方を、まず見きわめてもらうためだった。

今度は、その考え方がどのようにゆがんでいるか、考えてみよう。第7章で、さまざまな考え方のゆがみと、それを正す方法を紹介したが、ここでそれを実行するのである。STEP4でゆがみを受け入れるように勧めているのは、その時点では、あなたはまだ不健全ないやな気持ちの影響下にあり、自分のとらえ方が適切かどうか一歩引いて検証する客観性を持っていなかったからだ。STEP6で不合理な考え方を退けておけば、必要な客観性が得られ、考え方のゆがみも正しやすくなる。

## ◎STEP8　合理的な考え方を実践し、確かなものにする

STEP6で退けた不合理な哲学に代えて、それに相対する合理的な考え方を取り

入れよう。
合理的な哲学は、以下の通りである。

●ないものねだりでない願望にもとづく哲学。「人前で言葉につまりたくはないが、言葉につまってはならないという宇宙の法則はない」
●反最悪化の哲学。「人前で言葉につまっても、最低だというわけではない」
●欲求不満忍耐度の高い哲学。「人前で言葉につまっても、耐えられないというわけではない」
●誤りを犯しがちな存在として自分と他人を受け入れる哲学。「人前で言葉につまっても、私の人間としての価値が損なわれるわけではない」「意地悪な質問をしたからといって、いやな人間だというわけではない」

これらの哲学に即した行動や建設的な行動を、習慣としてどんどん実行できるようになるまでは、哲学を自分のものにしたことにはならない。週に一、二回、いい加減な気持ちで実行するだけではだめだ。真剣な気持ちで、熱心に取り組めば、哲学は次第に強固なものになる。実行にあたっては、以下の五つの罠が邪魔になることがあるので注意しよう。

**第一の罠　気楽にできるようになるまでは、建設的な行動はしない**……気楽にできるようになるまで待とうとすると、とても長い時間を要する。だから、気分がのらなくても、とにかく始めよう。実行をくり返せば、やがて気楽にできるようになる。

**第二の罠　思い通りにできなければ、建設的な行動はしない**……これも、思い通りにできなくても行動することが大切だ。実践するほど、次第に思い通りにできるようになる。

**第三の罠　今と違う行動をとる能力が、自分にはない**……まず実行することが大切である。能力がないと思っていても実行し、誤りから学んでこそ、自分に能力があるという実感も得られるものだ。

**第四の罠　自信がないので、未知の新しい行動はできない**……自信がないまま行動することで、状況を変えることができる。

**第五の罠　リスクのある建設的な行動を実行する勇気がない**……戦場で英雄的行動

をした人たちについての研究によると、勇気は、勇気がいる行動をとる前に生まれているのではない。勇敢にふるまった人もそうでない人も、同じように不安は感じる。違うのは、勇気ある行動をする覚悟のある人は行動する前に勇気が湧くのを待たないということだ。だから、リスクがあっても行動しよう。

## ◎STEP9　合理的な考え方を、他の似たような場面に応用する

たとえば、「職場の人に受け入れられなければならない」というないものねだりを克服し、日常的にそう考えられるようになったとする。そうしたら、新たにマスターしたその合理的考え方（「受け入れられたいが、必ずしも受け入れられなければならないとは限らない」）を、他人に受け入れられることが問題になる他の場面――たとえば、親、配偶者、子どもとの関係――にも応用することができる。

自然と応用できるようになるなどと、甘く考えてはいけない。決して自然にできるようにはならない。受身のまま待つのではなく、実行を積み重ねていく必要がある。

## 最後に——ＳＴＥＰ10　努力を続ける

カウンセリングや自己改革計画のプログラムで一度効果があがったら、目標が達成できたので、もう努力する必要はない、と考えていないだろうか？

それは誤りである。新しい合理的な考え方を強化すべく、毎日実行しようと決意しても、それをやる理由は目に見えるはっきりしたものではないし、効果が出るのはずっとあとのことだ。人間は、成果を維持しようとつねに心していないと、つい過ちをくり返す（減量や禁煙を決意した人がすぐに証明してくれる）。

過ちのくり返しを避けるためには、そなえが必要だ。自分が特に過ちを犯しそうな場面を探してみよう。たとえば、酒量を減らそうと思っている人なら、大酒飲みの友だちと一緒に飲むこと。不安を心配に切り換えられない人なら、未知の環境に踏み込むことかもしれない。

前もって苦手な場面をはっきりさせておくほど、過ちを犯す原因となっている不合理な考え方を見きわめ、退けやすくなる。そうすれば、過ちもくり返しにくくなる。

最初のうちは、合理的な考え方がある程度強固なものになるまで、途方にくれてしまうほど対処が難しい場面には、距離をおいたほうがいい。

しかし、健全な方法で自分に挑戦する習慣は身につけてもらいたい。人間である限り、どんなに手を尽くしても過ちは犯す。それを逃れる確かな術はない。過ちを犯したことで自分を責めると、学ぶことができないので、つい過ちをくり返す。もちろん、それで振り出しに戻ってしまうわけではないが、そう感じて虚しくなることもあろう。しかし、自分を受け入れ、過ちを犯しても自分を受け入れれば、過ちから学ぶことができる。

心の健康を維持するには、一生懸命に努力を続ける必要があるのだ。そして、続ければ続けるほど、苦にならなくなっていく。もちろん、心が完璧に健康な人などいないし、そのような存在はありえないことを忘れてはいけない。かく言う私も完璧に健康な心を持っているわけではないのだから。

## 訳者あとがき

社会生活には、ストレスがつきものである。やりたいことがあっても、いろいろなしがらみがあったり、時間がなかったり、周囲の協力が得られなかったりで、なかなか思い通りには生きられない。しかし、そんなことでいちいち落ち込んだり、怒ったりしていては、貴重な時間がもったいないし、心の健康にもよくない。だから、まず現実を受け入れ、その上で前向きに生きていく方法を身につけよう、というのが本書の主旨である。

「ぐずぐずして仕事を始めないのは、仕事のできが悪かったときに、時間がなかったと自分に言い訳をするため」など、著者の言葉はときに手厳しい。場当たり的ななぐさめの言葉など、どこにも見当たらない。しかし、根底にはいつも「ありのままの人間を無条件に受け入れる」という哲学が流れていて、読者をがっちりと受けとめてくれる。そして、前向きで健康な心を作るための基礎を丁寧に教えてくれるのである。

著者のウィンディ・ドライデンは、論理療法というカウンセリング技法の専門家である。本書の内容も論理療法の考え方に則ったものだが、難しい専門用語はいっさい使われておらず、幅広い読者に気軽に役立ててもらえるものになっている。だが、著者の長年にわたるカウンセラーとしての経験や、研究家としての実績が、内容をいっそう説得力のあるものにしていることは言うまでもない。

訳出にあたっては、幅広い読者を想定し、論理療法の専門書で一般的に使用されている訳語は必ずしも用いていない。たとえば「ラショナル・ビリーフ」は「合理的な考え方」としている。英語ではラショナルもビリーフも、ごく日常的な言葉であることを考慮しての選択なので、ご了承いただきたい。

最後になったが、本書を読みやすく整えるためにご尽力くださった、ディスカヴァー・トゥエンティワンの藤田浩芳さん、小関勝則さんに心からお礼を申し上げる。

**野田恭子**

ディスカヴァー携書　069

# いつも楽に生きている人の考え方

発行日　2011年9月15日　第1刷

Author　ウィンディ・ドライデン

Translator　野田恭子
Book Designer　小口翔平（FUKUDA DESIGN）

Publication　株式会社ディスカヴァー・トゥエンティワン
〒102-0074　東京都千代田区九段南2-1-30
TEL　03-3237-8321（代表）
FAX　03-3237-8323
http://www.d21.co.jp

Publisher　干場弓子
Editor　小関勝則＋藤田浩芳

Marketing Group
Staff　小田孝文／中澤泰宏／片平美恵子／井筒浩／千葉潤子／飯田智樹／佐藤昌幸／鈴木隆弘／山中麻吏／西川なつか／猪狩七恵／古矢薫／鈴木万里絵／伊藤利文／米山健一／天野俊吉／原大士／井上慎平／芳賀愛／堀部直人／山﨑あゆみ

Assistant Staff　俵敬子／町田加奈子／丸山香織／小林里美／井澤徳子／古後利佳／藤井多穂子／片瀬真由美／藤井かおり／福岡理恵／葛目美枝子

Operation Group
Staff　吉澤道子／小嶋正美／松永智彦
Assistant Staff　竹内恵子／熊谷芳美／清水有基栄／小松里絵／川井栄子／伊藤由美

Productive Group
Staff　千葉正幸／原典宏／林秀樹／粕谷大介／石塚理恵子／三谷祐一／石橋和佳／大山聡子／徳瑠里香／田中亜紀／大竹朝子／堂山優子

Digital Communication
Group Staff　谷口奈緒美／中村郁子／松原史与志

Proofreader　中村孝志

Printing　凸版印刷株式会社

---



ISBN978-4-7993-1046-5

携書フォーマット：長坂勇司

『いつも楽に生きている人の考え方』の読者におすすめする
ディスカヴァーの自己啓発書

**うまくいっている人の考え方　〈40 万部！〉**
ジェリー・ミンチントン　1200 円
自尊心を高めることが人生をうまくいかせる基本と説くベストセラー。

**心の持ち方　〈25 万部！〉**
ジェリー・ミンチントン　1300 円
前向きに生きるために、あたりまえだけれど忘れがちな 50 の法則。

**誰でもできるけれど、ごくわずかな人しか実行していない成功の法則**
ジム・ドノヴァン　1300 円　**〈25 万部！〉**
夢を実現するために、目標を定め計画を立て実行していく方法を解説。

**成功をめざす人に知っておいてほしいこと　〈5 万部！〉**
リック・ピティーノ　1400 円
米国バスケットボールの名監督が語る、能力を最大に発揮する秘訣。

**１分間でやる気が出る 146 のヒント　〈25 万部！〉**
ドン・エシッグ　1300 円
１ページに１つ、どこからでも読めてすぐ実行できる人生の法則。

**凹まない人の秘密**
アル・シーバート　1300 円
困難や障害に負けずに成功した人の共通点を研究。心が楽になる本。

**減らす技術**
レオ・バボータ　1440 円
「もっと」はもう古い。やることを減らして成果を上げるには？